数学教育選書

理論×実践で追究する！
数学の「よい授業」

相馬一彦・國宗　進・二宮裕之　編著

明治図書

はじめに

　数学の「よい授業」に焦点を当てるきっかけになったことを，2つ紹介します。

□授業を参観すると，「よい授業だった」「よい授業ではなかった」ということが話題になります。しかし，どこがよかったのか，よくなかったのかということを話していくと，互いに異なることを考えていたということが多くあります。私たちは，数学の「よい授業」をどのように捉えているのでしょうか？

□これまで海外の数学の授業を参観する機会があり，先生方と話し合う中で，日本の先生方は「よい授業だった」と評価しましたが，その国の先生方は「特によい授業とはいえない」という場面もありました。さらに，「日本の数学のよい授業とは？」と問われて，明確に答えられないことに改めて気づきました。数学の「よい授業」とはどのような授業なのでしょうか？

　日本の算数・数学の授業が国際的に注目され，「よい授業」として評価されていますが，数学の「よい授業」とは何か，「よい授業」を行うための要件は何かなどについて改めて問い直す必要があると思われます。

　このような課題意識のもと，私たちは平成25年度から研究を始めました。3年間のこの研究では，「よい授業」に関する日本のこれまでの算数・数学教育研究や授業実践の成果をまとめたり，北海道，静岡，埼玉，山梨での実際の授業を互いに参観する中で「よい授業」について検討を重ねました。

　3年間の研究と授業実践を通して明らかになってきたことを，次ページのようにまとめました（詳しくは第1章 1 で説明します）。

1 数学の「よい授業」とは何か？
　Ⅰ　生徒が主体的に取り組み，考え続けている授業
　　　　・「おや？」「なぜ？」
　　　　・「なるほど！」「おもしろい！」

　Ⅱ　目標が適切に設定され，それが達成される授業
　　　　・「わかった！」「できた！」

2 「よい授業」を行うための要件は何か？
　［要件①］本時の目標を明確にする
　　　　・目標を1～2に絞る
　　　　・目標を簡潔かつ具体的に示す

　［要件②］問題と問題提示の仕方を工夫する
　　　　・決定問題として提示する
　　　　・予想を取り入れる
　　　　・数値や図を工夫する

　［要件③］考えの取り上げ方を工夫する
　　　　・机間指導を行い，意図的に指名する
　　　　・考えを促す発問を取り入れる
　　　　・思考の流れがわかる板書にする

　数学の「よい授業」とは何かを問い直し，「Ⅰ　生徒が主体的に取り組み，考え続けている授業」と「Ⅱ　目標が適切に設定され，それが達成される授業」に絞りました。この2つのうち，一方だけが実現されても「よい授業」とはいえません。同時に達成される授業が数学の「よい授業」だと考えます。

そして,「よい授業」を行うための要件を①,②,③の３つに集約しました。この３つの要件は,数学の「よい授業」をつくるためには欠くことができないものです。

　本書は,第１章と第２章の２章構成になっています。
　第１章（理論編）では,相馬,國宗,二宮の３名が,それぞれの視点から数学の「よい授業」に迫りました。
　第２章（実践編）では,北海道,静岡,埼玉,山梨の先生方が,これまでの自分の授業を振り返って「よい授業だった」という授業例を紹介しています。執筆にあたっては,「よい授業」を行うための要件①,②,③についてどのように検討して授業をつくったのか,そして実際の授業で「よい授業」のⅠ,Ⅱが達成されたかどうか考察しています。
　数学の「よい授業」を問い直し,「よい授業」をつくるために,実践編の27の授業例（各４ページ）を活用していただければ幸いです。
　なお本書は,相馬一彦・研究代表「算数・数学科における問題解決の授業の具現化に関する研究」（平成25～27年度科学研究費補助金・基盤研究（C),課題番号25350183）をもとにまとめたものです。

　最後になりましたが,研究の成果を単行本としてまとめる機会をいただき,出版にあたって大変お世話になりました明治図書出版編集部の木山麻衣子さんに厚くお礼申し上げます。
　平成28年５月

編著者

目　次

はじめに・2

第1章　数学の「よい授業」をつくるために　……9

① 数学の「よい授業」を問い直す　……10
1. 数学の「よい授業」とは何か・10
2. 「よい授業」を行うための要件・17
3. 「よい授業」を行うための教材研究・25

② 数学の「よい授業」を求めて　……30
1. 主体的・探究的な活動の重視・30
2. 「よい授業」の構築に向けた先行研究・34
3. 「よい授業」に向けて・37

③ 「よい授業」の規範的側面についての考察　……50
1. 教師のもつ「よい授業観」・50
2. 本書における「よい授業」の規定・52
3. 先行研究において指摘される「よい授業」・52
4. 授業評価シートのチェック項目・56
5. 教師の潜在的授業力―記述不可能な要件・59

第2章 数学の「よい授業」，27の授業例 …… 69

| 授業例 ① | 第1学年 | 正の数，負の数 | いくつかの数の乗法 …… 70 |

| 授業例 ② | 第1学年 | 文字と式 | 数量を文字で表す意味 …… 74 |

| 授業例 ③ | 第1学年 | 文字と式 | 文字式の意味 …… 78 |

| 授業例 ④ | 第1学年 | 文字と式 | 文字と式の利用 …… 82 |

| 授業例 ⑤ | 第1学年 | 1次方程式 | 係数に分数がある方程式 …… 86 |

| 授業例 ⑥ | 第1学年 | 1次方程式 | 1次方程式の利用 …… 90 |

| 授業例 ⑦ | 第1学年 | 比例，反比例 | 反比例のグラフ …… 94 |

| 授業例 ⑧ | 第1学年 | 比例，反比例 | 比例の利用 …… 98 |

| 授業例 ⑨ | 第1学年 | 空間図形 | 円錐の側面積 …… 102 |

| 授業例 ⑩ | 第1学年 | 空間図形 | 立方体の切断面 …… 106 |

授業例 ⑪	第1学年	資料の活用	代表値 ……………………………… 110
授業例 ⑫	第2学年	式と計算	式の計算の利用 ………………… 114
授業例 ⑬	第2学年	連立方程式	連立方程式とその解 …………… 118
授業例 ⑭	第2学年	連立方程式	連立方程式の利用 （3元1次連立方程式）………… 122
授業例 ⑮	第2学年	1次関数	直線の式の求め方 ……………… 126
授業例 ⑯	第2学年	1次関数	1次関数の利用 ………………… 130
授業例 ⑰	第2学年	平行と合同	図形の性質の確かめ方（証明の意味）…… 134
授業例 ⑱	第2学年	平行と合同	図形の性質の利用（星形五角形）… 138
授業例 ⑲	第2学年	三角形と四角形	作図と証明 ……………………… 142
授業例 ⑳	第2学年	確率	いろいろな確率 ………………… 146
授業例 ㉑	第3学年	平方根	平方根の大小 …………………… 150

| 授業例 ㉒ 第3学年 | 関数 $y=ax^2$ | 関数 $y=ax^2$ の意味 …………… 154 |

| 授業例 ㉓ 第3学年 | 関数 $y=ax^2$ | 関数の利用 …………… 158 |

| 授業例 ㉔ 第3学年 | 相似な図形 | 三角形の相似条件の利用 …………… 162 |

| 授業例 ㉕ 第3学年 | 円 | 円の性質の利用 …………… 166 |

| 授業例 ㉖ 第3学年 | 三平方の定理 | 三平方の定理の利用 …………… 170 |

| 授業例 ㉗ 第3学年 | 標本調査 | 標本調査の利用 …………… 174 |

おわりに・178

数学の「よい授業」を つくるために

> ここでは，相馬，國宗，二宮の3名が，
> それぞれの視点から数学の「よい授業」について検討します。

1 数学の「よい授業」を問い直す (相馬)

　3年間の研究を通して，数学の「よい授業」をどのように捉えたのか，また「よい授業」を行うための要件として何を考えたのかを具体的にまとめます。また，「よい授業」を行うための教材研究の在り方についても述べます。

2 数学の「よい授業」を求めて (國宗)

　「よい授業」を考える上で必須である生徒の主体的・探究的な活動を検討し，「よい授業」を実践的に追究した3つのグループ研究の主張をまとめます。そして，それらを踏まえて，本書で提案している「よい授業」を行うための3つの要件についての考えを述べます。

3 「よい授業」の規範的側面についての考察 (二宮)

　日本の数学教育における「よい授業」の本性を突き詰め，明文化されていない「暗黙の前提」の存在について考えます。日米の授業比較研究を通して見いだされた知見をもとに，授業を見る視点の違いや潜在的な授業力を捉えることを通して「よい授業」の本質を論じます。

1 数学の「よい授業」を問い直す

1 数学の「よい授業」とは何か

　3年間の研究では，数学の「よい授業」とは何かについて，改めて問い続けた。これまで公にされてきた論文や文献の中で「よい授業」に関連して述べられているものを調べるとともに，いろいろな機会に先生方の意見も聞いた。また，実際の授業を参観し合って検討を重ねた。

　ここでは，次の(1)，(2)で数学の「よい授業」に関わる具体を取り上げ，(3)で数学の「よい授業」とは何かについて述べる。

(1) 先生方の意見から

　研究授業のあとの研究協議の中で，「今日の授業はよかった」「よくなかった」という声をよく耳にする。先生方は，何をもとにして「よい授業」を捉えているのだろうか。

　いくつかの研究協議や研究会の機会に，最後に時間をもらって，先生方に「数学の『よい授業』とは何か」について簡単に書いていただいた。いろいろな意見があった。また，表現は微妙に違っても共通する内容も多かった。

　それをまとめると，次のP，Q，Rの3つに分類することができる（□は，いただいたそのままの例）。

P：生徒がわかる，できる授業
　□「わかった」「できた」を実感できる授業
　□わかる喜びを感じられる授業
　□生徒が納得できる（わかったと言える）授業

Q：生徒が主体的に考える授業
　□主体的に思考し，表現できる授業

　　　　□意欲的に考え，自分たちで解決できたと思える授業
　　　　□積極的に参加し，考えようとしている授業
　　Ｒ：授業の目標が達成される授業
　　　　□目標が明確で，それが達成できる授業
　　　　□学習内容が確実に定着する授業
　　　　□知識や技能，考え方を正しく，効率よく習得できる授業

　他に，次のような意見もあった。

　　□「もっと他にもやってみたい」と思うような授業
　　□「楽しかった」という声が挙がる授業
　　□知的なおもしろさがある授業
　　□教師の説明が多くない授業
　　□感動のある授業
　　□考えることを楽しんでいる授業

　Ｐ，Ｑ，Ｒの３つうち，多かったのは「Ｐ：生徒がわかる，できる授業」と「Ｑ：生徒が主体的に考える授業」に関することであった。そして，ＰとＱに比べると少ないが，どの研究会でも「Ｒ：授業の目標が達成される授業」についての意見が出されていた。
　全体を通して，教師が一方的に説明して覚えさせたり，練習を繰り返すだけの授業でないことは共通している。ここで紹介した□のような授業は，生徒が自ら考えることなしに達成されないであろう。「よい授業」では，生徒が「考える」「考えようとする」ことが基盤になっていることが確認できる。「考えることあっての数学の授業」である。

(2) 実際の授業から

　３年間の研究では，各地（北海道，静岡，埼玉，山梨）で，中学校数学の多くの授業を参観することができた。参観後の研究協議では，「よい授業」

かどうかを含めて，授業について様々な観点から検討した。

　ここでは，参観した授業の中で「よい授業」と思われた授業（平成26年9月，北海道S中学校，生徒25名）を取り上げ，この授業を例にしながら「よい授業」について検討していく。

　第1学年「1次方程式の利用」の1時間目に，次のような目標で行われた授業である[1]。

〈本時の目標〉

> ・方程式を使って問題を解決することのよさを知る。

　授業は，次の①〜⑥のような流れで進められた。なお，それぞれの最後の行には，その指導までにかかった時間を☐で記している。

① 問題を把握し，予想する

　てんびんの図を板書しながら問題を提示した。

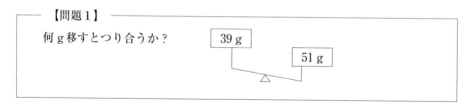
【問題1】
　何g移すとつり合うか？　　39g　　51g

　予想させると，「6g」と「12g」という予想が出された。　　5分

② 求め方を考え，発表する

　次のような2つの考えを順に取り上げて説明させた。

　　（その1）差の平均を求める

　　　　　　$51 - 39 = 12$　　　$12 \div 2 = 6$

　　（その2）方程式をつくる

　　　　　　移した重さをxgとすると，$39 + x = 51 - x$

　　　　　　この方程式を解くと，$x = 6$

　（その2）を聞いて，「お〜！」「きた〜！」という声が挙がった。

どちらの考えでも求められることを確認してから，どちらが簡単だと思う

か挙手させ，それぞれのよいところを発表させた。
  （その1）20人　　・式が短い
  （その2）5人　　　・どうしてそうなるか意味がわかりやすい
  よいところを確認したままで，もう1つの問題を提示した。　　15分

③ 【問題2】を考える

> 左が右の2倍になるには，何g移すとつり合うか？

　【問題1】はほとんどの生徒ができたが，この問題はなかなかできない。【問題1】の（その1）のように考えようとする生徒が多かったが行き詰まり，困ったという様子が多く見られた。　　22分

④ 求め方を確認する
　【問題1】の（その2）のように，方程式を使ってできたという生徒の考えを発表させて全体で確認した。

$$39+x=51-x$$

この式をもとに，左が右の2倍だから右辺を2倍すればよいことを押さえて，次の式を導いた。「あっ！」「そうか！」という声が挙がった。

$$39+x=(51-x)\times 2$$

これを解くと，「$x=21$」になった。
　次に，（その1）の考えで求めたという生徒の考えを紹介させた。
　　　　$39+51=90$　　$90\div 3=30$　　$51-30=21$　　32分

⑤ 方程式を使うことのよさを確認する
　「自分で式をつくって考えるとしたらどちらを選ぶ？」と聞いたところ，ほとんどの生徒が「（その2）の方がよい」と答えた。これを受けて，
　『求めたいものをxとして方程式をつくると簡単に求めることができる』
ということを確認し，板書した。生徒たちは，「なるほど」と納得した表情であった。　　35分

⑥ 教科書での確認と練習
　教科書の例題をもとに，方程式を使って問題を解決する考え方と手順を再

確認した。

　そして残りの10分の時間，教科書の練習問題に取り組んだ。生徒たちは方程式を使って問題を解決していった。全体で解答を確認しているときの様子から，生徒たちは方程式を使って考えることのよさを実感して問題解決に取り組んでいることが伝わった。チャイムが鳴り，もう1つの練習問題を宿題にして授業を終えた。　　　　　　　　　　　　　　　　　　50分

　この授業で，生徒たちは50分間考え続けた。【問題1】では多くの生徒が（その1）のように算術的に解いたが，しだいに方程式を使った解き方に変容していく生徒の姿を見ることができた。

(3) 数学の「よい授業」，2つのポイント

　(1)のような先生方の意見を聞き，そして(2)のような授業を参観することを通して数学の「よい授業」とは何かを検討した結果，集約されたポイントが次のⅠとⅡである。なお，「？」や「！」は，ⅠやⅡが実現されるときに生じる生徒の気持ちを表現したものである。

　Ⅰ　生徒が主体的に取り組み，考え続けている授業
　　・「おや？」「なぜ？」
　　・「なるほど！」「おもしろい！」
　Ⅱ　目標が適切に設定され，それが達成される授業
　　・「わかった！」「できた！」

〈Ⅰ　生徒が主体的に取り組み，考え続けている授業〉について

　このⅠについては，多くの先生方が「よい授業」として挙げていたことである。問題や課題について目的意識をもって主体的に取り組んでいる授業，つまり数学的活動を通した授業でもある[2]。

　なお，授業の導入だけ主体的に取り組むが，あとは受動的になっては「よい授業」とはいえない。考えることが持続することが大切である。生徒たち

が50分間考え続け,「もう終わり？　早い！」「考えて疲れた！」という声が聞こえた授業を参観したことがある。Ⅰを実現し,このような声を聞きたいものである。

Ⅰのような授業では,「おや？」「なぜ？」という気持ちが主体的な取り組みを支えている。また,このような授業を通して「なるほど！」「おもしろい！」という納得や達成感が生まれる。

では,Ⅰだけで数学の「よい授業」といえるのだろうか。もう1つ欠くことのできないのが,Ⅱである。

〈Ⅱ　目標が適切に設定され,それが達成される授業〉について

授業には「本時の目標」（広くは「数学教育の目的,目標」）があり,授業はそれを達成するための意図的・計画的な営みである。

研究協議の中で,次のようなことから「本時の目標が達成されなかった」という授業者の説明を聞いたことがある。

・生徒から○○という意見も出たのでそれも扱ったら時間がなくなってしまい,指導案の途中で授業が終わってしまった。
・生徒たちが○○を考えたいということになったので,「本時の目標」を変えてそれを扱った。

生徒たちは50分間考え続け,Ⅰは達成されていたように思われたが,「本時の目標」は達成されなかった。

中原氏は,「よい授業」の例として,子どもたちが活発に活動した授業,子どもたちが内容をよく理解した授業,子どもたちが楽しむことができた授業などを挙げた上で,その授業の目的が達成されたかどうかも重要な要件であるとしている[3]。この中原氏の指摘のように,「よい授業」にとって,Ⅰだけではなく Ⅱ も欠くことはできない。

さらに中原氏は,「仮に目標が達成されたような授業であっても,目標そのものに問題がある場合には,それはよい授業とは言えないことになる。」とも述べている。この指摘も重要である。授業によっては「その目標でよかったのか」ということを再検討する必要が生じることがある。参観した授業

の研究協議で,「その目標での授業ならばこれでよかったが,目標は○○にすべきではなかったか」ということが検討されたこともあった。Ⅱの「目標が適切に設定され」とは,このことを意味している。

(4) (2)の授業例にみるⅠ,Ⅱ

ⅠとⅡについて,(2)で取り上げた授業例をもとに具体的に確認したい。

〈Ⅰ 生徒が主体的に取り組み,考え続けている授業〉

この授業で,生徒たちは50分間主体的に考え続けた。Ⅰが実現された要因として,大きく2つのことが考えられる。

1つは,【問題1】で2通りの考えを意図的に取り上げ,さらに「どちらが簡単か」という問いに,意見が分かれたことである。これによって「おや?」「なぜ?」という気持ちが生じて,「考えてみよう」という生徒の様子が感じられた。

もう1つは,問題の工夫である。【問題1】は比較的簡単で,全員が結果を予想でき,2通りの考えも理解できていた。はじめから複雑だったり手がつかないような問題では,主体的に考えようとはしなかったであろう。

問題の工夫がさらにある。それは,【問題1】で多くの生徒が支持した(その1)の考えでは解決が難しい【問題2】を設定したことである。ここでも,「おや?(その1)の考えではできない!」という気持ちが考え続けることにつながっていった。そして,【問題2】を通して方程式を使って解決することのよさを実感し,「わかった!」「できた!」という生徒が多くなった。

考えの取り上げ方や問題の工夫についての,教師の深い教材研究がⅠの実現につながったように思われる。

〈Ⅱ 目標が適切に設定され,それが達成される授業〉

この授業の目標は,「方程式を使って問題を解決することのよさを知る」ということであった。

【問題2】を解決する中で「方程式をつくると簡単に求めることができる」ということを知ることができた。さらに,教科書にある練習問題を考えることを通して,「やはり方程式さえつくってしまえばあとは簡単」ということ

を実感した生徒たちの様子を見ることができた。本時の目標が達成された授業であった。
　では，この授業では「目標が適切に設定された」のだろうか。
　前時まで１次方程式の解き方を学んできて，本時は「１次方程式の利用」のはじめての授業である。次のような目標を設定することも考えられる。
　　ア　方程式を使って問題を解決しようとする
　　イ　方程式を使って問題を解決する手順を理解する
　　ウ　方程式を使って問題を解決することができる
　「１次方程式の利用」では，３～４時間の指導を通して，最終的にウの目標が達成できればよい。この授業では，練習問題で方程式をつくろうとしたが，つくることができない生徒も多かった。ウの達成までには至らなかった。
　イやウの目標よりも先に，【問題１】の（その１）のように算術的な考えで解くことしかできなかった生徒に対して，「方程式を使って問題を解決することのよさを知る」ことが大事であろう。これがアの目標にもつながる。
　したがって，「１次方程式の利用」のはじめての授業として，この授業での目標の設定は適切であったと思われる。教材研究において，目標を十分に検討し，適切に設定することが重要である。
　なお，目標が適切に設定されたとしても，時間がなくなって指導案の途中で終わったり，指導案と異なる方向に授業が進んでしまう授業もある。このようなことで授業の目標が達成されない授業は，Ⅱに当てはまらない。

2　「よい授業」を行うための要件

　では，「よい授業」を行うためにはどのようなことが求められるのだろうか。(1)で「よい授業」を行うための要件をまとめ，そのための授業の在り方を(2)で示す。

(1)　「よい授業」を行うための３つの要件

　３年間の研究を通して，「よい授業」を行うための要件として，次の①～③が特に重要であることが浮き彫りになった。

[要件①] 本時の目標を明確にする
　　・目標を1～2に絞る
　　・目標を簡潔かつ具体的に示す
[要件②] 問題と問題提示の仕方を工夫する
　　・決定問題として提示する
　　・予想を取り入れる
　　・数値や図を工夫する
[要件③] 考えの取り上げ方を工夫する
　　・机間指導を行い，意図的に指名する
　　・考えを促す発問を取り入れる
　　・思考の流れがわかる板書にする

　この3つの要件は，授業参観後の研究協議で共通して取り上げられることが多かったことでもある。授業前の教材研究で，このような要件について検討することが「よい授業」につながるであろう。なお，各要件に「・」で示した項目は，その要件を満たすために効果的だと思われる例である。
　それぞれの要件について説明し，先に取り上げた「1次方程式の利用」の授業例と関連づけて，具体的にどうだったのか確認する。

〈[要件①] 本時の目標を明確にする〉について
　この[要件①]は，数学の「よい授業」として示した「Ⅱ　目標が適切に設定され，それが達成される授業」とも関連する。
　いろいろな授業を参観して，「この授業では結局何を目標にしていたのか？」ということが度々あった。本時の目標が明確になっていなかったのである。また，目標が多すぎて，50分の授業では達成できなかったという授業もあった。
　かつて観点別学習状況の評価が強調され始めた頃，評価の4つの観点に対応する目標を毎時間の授業で設定する授業が多かった。しかし，4つの目標

が形式的に設定され，授業の焦点がぼけてしまったり，それらの目標のうちのいくつかしか達成できなかったという授業を数多く参観した。

「1単位時間の中で4つの観点全てについて評価規準を設定し，その全てを学習指導の改善に生かしていくことは現実的には困難であると考えられる。」[4]と明記されているように，

> 目標を1～2に絞る

ことを基本として，それをしっかり達成できるようにすることが「よい授業」につながるであろう。

また，「よい授業」のためには，

> 目標を簡潔かつ具体的に示す

ことも必要である。評価の観点とも関わるが，「～ようとする」「～を知る」「～を理解する」「～できる」などのどれを目標にするのかということも検討して本時の目標を設定したい。

授業例では，「方程式を使って問題を解決することのよさを知る。」という目標であった。目標を1つに絞り，「よさを知る」という目標に焦点を当てたことが「よい授業」につながったように思う。

〈[要件②] 問題と問題提示の仕方を工夫する〉について

授業のはじめに「今日はこの問題を考えよう」と提示する問題も，「よい授業」になるかどうかを大きく左右する。

授業のはじめに与える問題は，複雑ではなくシンプルに，

> 決定問題として提示する

ことを基本にしたい。

例えば中学校2年「文字式の利用」で，はじめに次のような証明問題を与えても，生徒にとってこの証明を考える必要性はあまり感じられない。

【問題】

連続する3つの整数の和は，3の倍数になることを説明しよう。

それに対して，次のような決定問題を与えると，「3の倍数になりそうだ」

第1章 数学の「よい授業」をつくるために

という予想が生徒から出され，その予想を確かめていく過程で上の証明問題が生徒自身の課題となる。

【問題】

連続する3つの整数の和には，
どのようなことがいえるだろうか。

$1+2+3=?$
$2+3+4=?$
$3+4+5=?$
……

決定問題としては，例えば次のようなタイプの問題が考えられる。上の例は発見タイプの問題である。

・「～はいくつか」など（求答タイプ）
・「～はどれか」など（選択タイプ）
・「～は正しいか」など（正誤タイプ）
・「～はどんなことがいえるか」など（発見タイプ）

決定問題は，特別な問題ではない。教科書や問題集によくある問題を上のようなタイプの問題にして提示するのである。

このような決定問題にすると，

> 予想を取り入れる

こともできる。予想（問題の結果や考え方について見当をつけること）を取り入れることには，次のような意義がある[5]。

☆学習意欲を高める
☆考え方の追究を促す
☆思考の幅を広げる

先の授業例で具体的に検討しよう。

「（てんびんで）何g移すとつり合うか？」という問題は，求答タイプの決定問題である。問題提示では，はじめにてんびんの図を板書しながら生徒に

もノートに書かせ，そのあと問題文を板書した。プリントや模造紙で一度に提示するのではなく，「図→問題文」という流れで段階的に提示したのである。これによって，問題の意味をしっかり理解させることができた。

すぐに予想させたところ，「6g」という生徒が多かったが，「12g」という生徒もいた。「おや？」「どちらが正しいのか？」という様子が見られた。学習意欲が高まり，「どちらが正しい？」「求め方を考えよう」と考え方を追究しようということになった。

なお，授業例の問題は，

> 数値や図を工夫する

ということにも当てはまっている。【問題1】，【問題2】ともに計算そのものは簡単で，【問題2】（左が右の2倍になるには，何g移すとつり合うか？）においては答えが整数になるといった工夫がされている。

〈[要件③] 考えの取り上げ方を工夫する〉について

生徒たちは，問題や課題について多様な考え方をする。それらの考えについて，「どの考えをどのような順に取り上げるのか」ということが「よい授業」に大きく関わる。大切であるが，難しいところでもある。

先の授業例では，この点についても工夫が見られた。

> 机間指導を行い，意図的に指名する

机間指導の中でどの生徒がどのような考えをしているのかを把握した上で，意図的に指名したのである。大きく2つの場面があった。

1つは，予想が分かれたあと，考えた求め方を発表させたときである。できた生徒に挙手をさせたが，はじめに多くの生徒が考えていた「（その1）差の平均を求める」考えを意図的に取り上げて説明させた。そして，答えは6gであることを確認した。次に「（その2）方程式をつくる」を発表させて，これまで学習してきた方程式を使って問題を解決できることを確認した。仮に，（その1）と（その2）の考えを逆に取り上げたとしたら，（その2）について「お〜！」「きた〜！」という声は挙がらなかったであろう。

もう1つの場面は，【問題2】の求め方を発表させたときである。多くの

生徒は【問題1】の（その1）のように考えようとしたが、行き詰まっていた。（その2）のように方程式をつくってできたという生徒を意図的に指名し、求め方を全体で確認した。そのあとで、（その1）のように考えても求められることを確認した。これによって、ほとんどの生徒が「方程式を使って問題を解決することのよさを知る」ことができたように思われた。

「どの考えをどのような順に取り上げるのか」ということに関しては、次の2つのことを授業中に選択する必要がある[6]。

A．多様な見方や考え方を1つずつ順に取り上げる。
B．多様な見方や考え方の複数を一度に取り上げる。

a．机間指導をもとにして指名する（意図的）。
b．挙手をさせて指名する（意図的ではない）。

授業例の2つの場面では、いずれも「A」と「a」であった。本時の目標や机間指導で把握した生徒の考えなどに応じて適切に選択することが「よい授業」につながるであろう。

「よい授業」をしている先生は、何も意図しないで指名しているように見えても、実は「指名計画」（「どの考えをどの順番に、どのタイミングで取り上げるのかという計画」を私はこのように名付けている）をきちんと立てて、意図的・計画的に指名していることが多い。

「よい授業」を行うためには、発問も工夫する必要がある。

　考えを促す発問を取り入れる　

授業例では、次のような「考えを促す発問」があった。
・どちらが簡単だと思う？
・（その1），（その2）のよいところは何？
・これは何が難しかった？
・自分で式をつくって考えるとしたらどちらを選ぶ？

これらの発問について生徒たちは考え、思ったことを自由に発言した。他

の生徒の発言を聞いて,「なるほど!」「わかった!」という表情の生徒が増えていった。「よい授業」のためには,大事な発問である。

これらの発問については,学習指導案にも書かれていた。学習指導案作成の段階で,考えを促す主な発問についても吟味しておきたい。そして,その発問を板書することが,「思考の流れがわかる板書」にもつながるであろう。

<u>思考の流れがわかる板書にする</u>

授業例では,次のようなことが順に板書された。

・問題1
・予想
・「求め方を考えよう」
・(その1)の求め方　　実際の数値で6gが正しいことを確認
・(その2)の求め方　　それぞれの求め方のよいところを追加
・問題2
・(その2)の考えでの求め方
・(その1)の考えでの求め方
・方程式をつくると簡単に求めることができること(まとめ)
・練習問題の解答

1枚の黒板に書かれたこのような内容を見ると,1時間の思考の流れがわかるようになっていた。生徒たちは,板書内容(それを書いた自分のノート)を見ながら考え続けた。

以上,3つの要件について授業例と関連させながら確認してきた。

第2章の27の授業例では,「授業前の検討」として,これらの3つの要件についてどのように考えて授業をつくったのかを書いている。教材研究の具体として参考にしていただけることと思う。

(2) 「問題解決の授業」を通して

では,3つの要件を満たすような授業を実現するためには,具体的にどのような授業を行えばよいのだろうか。

それは,日本の算数・数学で実践が続けられてきた,そして海外から高く

評価されいる「問題解決の授業」が有効であろう。「問題解決の授業」は，次のような学習指導法である[7]。

　□結果だけではなく，問題の解決過程を重視する授業
　□問題を提示することから授業を始め，その問題の解決過程で新たな知識や技能，数学的な見方や考え方などを身に付けさせていく授業
　□教師が一方的に教えるのではなく，生徒が主体的に取り組む授業

「問題解決の授業」として私がよく紹介する授業例（第3学年「平方根の加法」）を取り上げる[8]。

〈本時の目標〉
　・平方根の加法，減法の計算の仕方を理解する。
　・既習内容を活用して理由を説明することができる。

〈授業の流れ〉
　前時の宿題を確認したあと，次のような問題を提示した。

【問題】
$\sqrt{2}+\sqrt{8}=\sqrt{2+8}$ と計算してよいだろうか。

　予想させると，「よい」「よくない」「わからない」という3つに予想が分かれた。「よい」と考えたのは，乗法 $\sqrt{2}\times\sqrt{8}=\sqrt{2\times8}$ からの類推であることを確認してさらに考えさせると，「よくない」という声が多くなった。
　そして，次のような考えが出された。
　ア　それぞれの近似値を求めて比べる
　イ　2と8ではない他の数値で考える
　ウ　計算して比べる
　アとイから，このように計算することは「よくない」ことがわかった。そこでウに焦点を当て，「$\sqrt{2}+\sqrt{8}=3\sqrt{2}$ のように計算できるのか」ということを課題にした。
　・$\sqrt{2}+\sqrt{8}$ と $3\sqrt{2}$ の近似値を比べる
　・$\sqrt{2}$ を a と考え，$a+2a=3a$ のように計算する

という考えを通して，加法の計算の仕方をまとめた。そして教科書を開かせて平方根の加法，減法の計算の仕方を確認し，練習問題に取り組ませた。

この授業で，「予想したことは正しい？」「計算の正しい結果は？」ということを明らかにするために，生徒たちは主体的に取り組み，考え続けた。

また，既習内容を活用して理由を説明し合う中で，自分では思いつかなかった考えも知り，「わかった！」「なるほど！」という表情が見られた。本時の目標が達成された。

同じ内容の50分の授業でも，教師が計算の仕方をはじめに説明して練習させるだけの授業ならば，「よい授業」のポイントとして挙げたⅠとⅡは実現されなかったであろう。

このように，「問題解決の授業」は教師が知識や考え方を教えてから考えさせるのではなく，問題や課題について「考えさせながら教える授業」ともいえる。また，生徒たちが主体的に考え合い，学び合う「アクティブ・ラーニング」でもある。

「問題解決の授業」を日常化し，数学の「よい授業」を行っていきたい。

3 「よい授業」を行うための教材研究

これまで述べてきたような「よい授業」を行うためには，教材研究を深めることが求められる。また，授業力を高める必要がある。

教材研究や授業力向上に関連することとして，(1)〜(3)を取り上げる。

(1) 教材研究における留意点

平成27年度，『数学教育』（明治図書）に，「問題解決の授業」について1年間連載する機会を得た。連載の「解説」として私が書いた中から，教材研究や実際の授業における留意点として大切にしたいことを整理し，※印で書き出す。なお，◎印の10項目は，教材研究において工夫したい事柄である。

◎問題の工夫

　※簡潔でわかりやすい問題にする

　※クラスによって数値や図の向きなどを変えてみる

※つまずきを生かす
◎**問題提示の工夫**
　　※問題提示に時間をかけすぎない
　　※問題を段階的に提示する
◎**予想を取り入れる工夫**
　　※直観や当てずっぽうで予想してもよい
　　※時間をかけすぎず，短時間で予想させる
◎**考えの取り上げ方の工夫**
　　※考えが多く出ればよいというものではない
　　※留意点や配慮事項として取り上げ方を事前に計画しておく
◎**発問の工夫**
　　※生徒に問い返すことを基本にする
　　※問い返し発問を意図的に取り入れる
◎**教科書の扱い方の工夫**
　　※授業と教科書をつなげる
　　※教科書の意図を読み取って教材研究をする
◎**机間指導の工夫**
　　※机間指導の目的を再確認する
　　※どの考えをどのような順番で取り上げるのか計画する
　　※机間指導に時間をかけすぎない
◎**板書の工夫**
　　※板書の役割を再確認する
　　※主な発問や考え方のポイントも板書する
　　※板書を通して考え合い，学び合う
◎**まとめの工夫**
　　※本時の目標とまとめを一体化する
　　※問題の解決過程でまとめをする
　　※授業のどこでどのようなまとめをするのか計画しておく

◎テスト問題の工夫
　※テスト問題を通して授業への生徒の意欲を高める
　※授業で扱った考え方を問う問題を数題出題する
　※授業で学んだからこそできるテスト問題を出題する
　書き出した※は，本節でこれまで述べてきたことと関連することも多い。「よい授業」を行うために，教材研究においてこのようなことにも留意して授業をつくりたい。

(2)　「比較」を取り入れた教材研究

　教材研究を深めるためには，「比較」を取り入れることも効果的である。先生方が日常的に行っていることであろうが，改めて「授業比較」と「教科書比較」を強調したい。

①　授業比較

　複数の授業を比較することによって教材研究が深まることが多い。
　例えば次のように，「個人でできる授業比較」もある。
　□同じ学習指導案を用いた他のクラスでの授業
　□授業の目標は同じでも，クラスによって「問題」を変えた授業
　□授業反省を踏まえて改善した学習指導案での他のクラスでの授業
　私が中学校で教えていた頃は，このような比較を意図的に行うことによって学ぶことが多かった。「同じ指導案で授業をしたのに，なぜこれほどまで変わったのか？」，「問題の数値を少し変えただけなのに，なぜ生徒の反応が違ったのか？」などの課題が生まれ，それを追究する過程で気づいたり確認できることが多かった。
　もちろん，「他の先生との授業比較」によっても教材研究を深めることができる。例えば次のような比較である。
　□同じ学年の先生の授業を参観して自分の授業と比較する
　□同じ学習指導案を用いた授業を他の学校でも行って比較する
　□同じ内容について異なる学習指導案で授業をして比較する
　実際の授業の様子を持ち寄って比較検討することを通して，自分だけでは

気づかなかった発見があったり，知らなかったことを学ぶ機会にもなる。
　このような授業比較は，教材研究を深めるとともに，「よい授業」を行うための授業力を高めることにつながるであろう。

② **教科書比較**

　日本では現在，中学校数学の教科書が7社から発行されている。それぞれの教科書には特色があり，章や項の順番や取り上げられている内容なども同じでない。

　例えば第3学年「2次方程式」の章で，3つの解き方についての指導の順番は，教科書によって次のように異なっている。

```
          A社                          B社
  因数分解による解き方            平方根の考えを使った解き方
  平方根の考えを使った解き方      解の公式
  解の公式                        因数分解による解き方
```

　それぞれの教科書には，この順番にしている意図がある。使用している教科書の意図を十分に踏まえた上で，生徒の実態などを踏まえ，どの順番で指導するのがよいのか検討することも深い教材研究につながる。

　また，教科書によって練習問題の質や量も異なっている。教科書にあるいろいろな練習問題は，テスト問題の作成の参考にもなる。さらに，発展的な内容や学習を豊かにする読み物のページなどもいろいろ工夫されていて，教材研究に生かすことができる。

　教科書比較は，手軽にできて，かつ得るものが多い教材研究になる。なお，教科書比較といっても，必ずしも中学校7社すべての教科書を比較する必要はない。少なくとも他の1社の教科書を購入し，比較を教材研究に生かしたい。

(3) **「よい授業」を行うための学習指導案**

　学習指導案なしに「よい授業」はできない。しかし，研究授業などで作成するような学習指導案を毎時間書くことはできない。日常的に継続できる，自分なりの学習指導案を工夫したい。

学習指導案で欠くことのできないことは，本節でも強調してきた次の３点であろう。

◎本時の目標　　◎問題　　◎主な発問

私は，この３点を明確にしないままでは中学校での授業はできなかった。これらを書き込むことができるような学習指導案の枠組みをつくり，それを印刷して毎時間の学習指導案を作成した。また，授業後には反省点や改善点を簡単にメモするようにしていた。この学習指導案の綴りは，今も研究室に大切に保管している。

学習指導案の「指導上の留意点」を充実させることも，「よい授業」を行う上で欠くことができない。「指導上の留意点」としてぜひ書いておきたいことは，次の２点である。

◎問題提示の仕方　　◎多様な考えの取り上げ方

教材研究を深め，それを反映させた学習指導案を作成して授業を行うことで「よい授業」が実現されるであろう。

〈引用・参考文献〉
(1) 相馬一彦編著（2000）『「問題解決の授業」に生きる「問題」集』明治図書
(2) 文部科学省（2008）『中学校学習指導要領解説数学編』教育出版
(3) 中原忠男（1996）「よりよい授業の創造を求めて」『日本数学教育学会誌』第78巻第7号
(4) 国立教育政策研究所教育課程研究センター（2011）『評価規準の作成，評価方法等の工夫改善のための参考資料【中学校数学】』教育出版
(5) 相馬一彦編著（2013）『「予想」で変わる数学の授業』明治図書
(6) 相馬一彦著（1997）『数学科「問題解決の授業」』明治図書
(7) (6)に同じ
(8) (1)に同じ

(相馬)

2 数学の「よい授業」を求めて

1 主体的・探究的な活動の重視

「よい授業」を考える上で，生徒の主体的・探究的な活動は欠かせない。ここではまず，それを数学的活動，問題解決の視点から検討しよう。

(1) キーワードとしての数学的活動

従来から叫ばれていた「数学学習の過程の重視」が学習指導要領に明示的に現れたのは，1989（平成元）年の中学校における「課題学習」の登場によってである。続く1998（平成10）年の改定では教科目標に「数学的活動」の文言が登場し，その強調は小中高の学校段階において現在も続いている。「数学的活動」は，数学学習によって「数学の知識とその獲得の方法との両者」を身に付けることの重要性を主張する簡潔かつ重要なキーワードである。

さて，算数・数学学習の過程の改善には，「子どもの主体的・探究的な活動の重視」が重要である。それは，算数・数学は「学習者自身が自ら当面する問題に取り組み，考え，解決するという主体的・探究的な活動を通して本当に理解することができる。」（國宗，1994）という学習観に基づいている。

このような学習観は，知識の捉え方や「わかる」ことに関する議論からもその妥当性が保障される。1980年代には，認知心理学の発展に伴って「わかる」と「できる」との関係等に関する議論が盛んに行われていて，例えば佐伯（1982），波多野完治（1987），波多野誼余夫（1996）らの著作のいずれにも，「わかる」には，「先行知識の存在」，及び「本人自身による再構成」がその要素として挙げられている。

これらの主張を参考にすると，「わかる」とは，「外部からの情報を取捨選択し，変形し操作を加え，先行知識を含んで自ら再構成して得られた心的状態である。」と規定することができる（國宗，2010）。

このような知見からも，数学学習において「学習者自らが再構成する」ことの重要性が浮き彫りになる。そしてまた，多くの数学教師がゼミ等への参加を通して体験してきたと考えられる，「数学の理解は自らじっくりと考える過程なしになされることはない」という確信も重なって，数学的活動の重視は必須のことになる。

　数学教育にも明るい赤摂也氏は，1960年代の数学教育現代化の時期に，数学的な考え方を体得するのに「一番役立つことは，もっともオーソドックスな仕方で数学を実際に勉強してみることである。」(1966) と述べて，教師自らが行う数学的活動の重要性を指摘している。

　以上述べてきたような数学の内容や方法の理解に関して数学的活動がもたらす貢献に加えて，さらに数学的活動は，学習者の数学への興味・関心を呼び起こす。活動の振り返りにおいて「追究したぞ」「なるほどね」という実感は，その後の学習に大きな効果を生むに違いない。

(2) 問題解決の授業

　数学的活動がなされるには，授業はどう展開されるべきかを考えてみると，問題解決の授業が好ましいことになる。それはふつう，表1で示したように展開される。表1に示した授業展開は，小中高大の教員の関係メンバーが，小中高校に共通な形で授業モデルを検討して確認したもの（吉田，2011；國宗，2010）を，一部改変したものである。

　問題解決の授業において教師にできることは，数学的活動が行われる「場の設定」である。そのために教師は，よい問題を用意し個人追究に見合った時間を用意する。続いて，その内容をグループ（小集団，ペア）や全体で共有しより高めていくための的確な場を設定する。

　このような授業展開において，特に小集団やペアでの交流の成果や不十分さを，いかに全体の場で検討しまとめるかに関しては，授業の内容や方法の多様性に起因する検討課題が，今もって多々あると考えている（これについては，第3項の(3)で詳しく検討する）。

展開		教師の役割	子どもの活動（つぶやき）
1. [問題] の把握		問題提示	問題把握（面白そう）
2. 個人による追究		個に応じる	問題追究・解決（できた，わからない）
3.	小集団，ペア	個に応じる 全体検討への構想	説明する，他者の考えを知る，コミュニケーション活動。理解を深める。
	全体での検討	多様な考えを取り上げる，方向付け	（そんな考えもあるのだ，わかりたい，わかった）
4. まとめ		わかったことの確認（別の視点提示）	確認・再構成（なるほどね）
5. 練習，振り返り		個に応じる	確認・定着，補充（やったね）
6. （発展）		別の視点提示	内容を発展させる（だとすると…）

表1　問題解決による授業の基本的展開

　ここで，「問題解決学習」の意味について簡単にまとめておこう。日本での「問題解決学習」の語句の使われ方は，昭和20年代に繰り広げられた「生活単元学習としての問題解決学習」，昭和30年代の「構造図等による文章題解決としての問題解決学習」という時期を経て，昨今は「解決過程や学習者の能動的思考を重視する学習指導法としての問題解決学習」を意味している（相馬，1983）と考えられ，本書ではそれを「問題解決の授業」と呼んでいる。また，1980年の全米数学教師協議会（NCTM）の勧告の第1に，「問題解決は1980年代の学校数学の中心であるべきである。」と記されたことは，問題解決への注目度を高めた。なお，この勧告での問題解決では「幅広い転移力の育成を目標」とし，「子ども達が現実の社会生活で役立つ応用能力の育成を志向している」のに対して，日本の数学的な考え方は「算数・数学の学習

に役立つという、やや狭い視野での応用能力の指導を意図していると考えられる」という当時の指摘もある（古藤，1983）。

問題解決に関するこの時期の議論や解釈等については，相馬（1983），飯田（1990），長崎（2007）に詳しい。

(3) 授業研究を実施する上での着眼点

ここで，授業を研究する際に検討しておきたいことを，授業の構成要素といわれる「子ども，教師，教材」のそれぞれについて，思い付くままに列挙してみよう。特に教師に関しては，授業前・授業後と授業中とに分けてまとめることにする。

【子ども】
- 概念理解や能力・態度形成がなされたか。　…認知面
- 主体的・探究的な活動が見られたか。　…学習の過程
- 追究意欲が喚起されたか。　…情意面

【教師】
〈授業前・授業後の検討〉
- 子どもにどんな変容が起こることを想定しているのか。…ねらい
- その変容をどう捉えようとしているのか。　…評価
- 主体的・探究的に活動する場を設定しているか。　…活動を通して
- 授業展開は吟味されているか。
    - 子どものわかり方を踏まえているか。
    - 「問題」に対する子どもの様々な解答を想定しているか。
    - 発問の言い回しを具体的に検討しているか。
    - 表現したり読み取ったりする活動が用意されているか。
    - 授業形態への配慮はなされているか。　…全体，グループ，個

〈授業中（即，決断）〉
- 発問や指示のタイミングの的確さ。
- 子どもの発言や解答に対する対応の的確さ。　…双方向
- 板書の内容やワークシートの記述活用の的確さ。

【教材】
・よい「問題」を用意したか。
　　ねらいを達成するのにふさわしい「問題」か。
　　数学的に追究の価値がある問題か。子どもが追究しようとするか。
・「問題」の提示の仕方は的確か。

　このリストからは，日々の授業が様々な点を考慮して行われていることが改めて確認できる。これら項目の多さが示すように，どの部分に重点を置いて「よい授業」を追究するかによって，様々な研究の方向性が生まれることになる。

2　「よい授業」の構築に向けた先行研究

　綿々と続いている数学教育研究の中で，数学の「よい授業」を実践的に追究した研究は数多くあり，そのすべてを精査することは不可能に近い。ここでは，授業改善に向けてグループを組んで実践・研究が進められ，そのグループで「よい授業」に関しておおよその合意がなされていると考えられるものに目を向け，そこでの主張を簡単にまとめておくことにする。

(1)　教師にも自己内対話や葛藤が―「抽象概念形成に関するよい授業」―

　私たちは論証の学習指導に関するグループ研究の中で，図形概念や文字式概念のような「抽象概念形成に関するよい授業」について検討し，それを次のように規定した（小関・國宗，1999）。

　　"教師から子どもへの発問，それによって生じる教師と子どもの問答，子ども同士の討論［頭の外での討論（外言活動）］を通して，一人ひとりの子どもの「第1の自己」と「第2の自己」の間に対話や葛藤が生じ［頭の中での討論（内言活動）］，その結果，教師の方にも「第1の自己」と「第2の自己」の間に対話や葛藤が生じるような授業。"

　ここには，生徒だけでなく教師自らも，授業において何かを見いだしたり再構成したりする姿が想定されている。

　授業において教師にも「第1の自己」と「第2の自己」の間に対話や葛藤

が生じるという状況は，事前の教材研究不足に基づくのではない。生徒が行う数学的活動は，しばしば教師に新たな知的喜びをもたらす。例えば生徒の斬新なアイディアや思考の方法に出会い驚き，それによって教師は新たな研究課題を突きつけられる。このような状況は，決まりきった内容や方法を単に無機的に示していく授業展開では起こらないであろう。

この研究ではさらに，よい授業に向けて「授業者に要求されること」を，次のようにまとめている。

1) 子どもが数学の概念をどういう段階を踏んで認識していくのかを知る。
2) 子どもが，1)で調べた発達段階のどこに達しているかを知る。
3) 子どもの概念形成を高める適切な課題を設定する。
4) 子どもの思考の内面化が行われるように討論の内容を高めていくようにつとめる。
5) 討論を活発にするには，机間巡視，子どものノートの観察，子どもの独り言等から，子どもの内なる世界を伺い知り，子どもに発言の機会を与える。
6) 子どもが望ましい変化をしたかを評価する。

さて，上記の「第1の自己」と「第2の自己」の間に対話や葛藤に関して，手島（1994）は，認知的葛藤を「新しい事態に直面した際に，それと関連する既習事項との間にズレを意識し，そのズレの解消に向けて働きかけていく数学的活動」と定義している。ズレの意識には，考察すべき対象（教材）と学習者自身との間に生ずるズレの意識もあれば，話し合いの場で新たにズレの意識を感得する場合もあって，前者は「内言」や「つぶやき」などに代表されるメタ認知の局面でのズレの意識であり，後者は「子ども相互の観点の衝突」に代表される社会的相互作用及び数学的コミュニケーションの場でのズレの意識であるとする。

つまり，認知的葛藤の状況には，個人内レベルの「もう一人の自分」との対話の中で生じる葛藤と，「子ども相互の観点の衝突」によって生じる葛藤

という，2つの相があると述べている。この指摘からは，提示する「問題」，及び「コミュニケーション活動」を検討することの重要性が再確認できる。

(2) 数学が好きな生徒の育成—「めざす授業」—

「生徒がのってきた授業」の実際を，50個を超える日々の授業実践についてグループで検討してまとめた報告（國宗・相馬，1994，1996）には，中学校数学科における「めざす授業」という表現がある。そこでは，「数学が好きな生徒の育成」が学習指導の第1目標であるとし，その実現のためには次のような授業を行う必要があるとしている（國宗）。

1) 生徒の主体的，探究的な学習活動が行われる場としての授業。
2) 確かな知識や技能の習得とともに，それを通して数学的な考え方や数学への関心・意欲・態度を育成することをねらった授業。

また，この報告の中で，相馬は教師の授業観を次のような方向へと変えていこうと述べている。

1) 「育」を中心に据える。
2) 試行錯誤の中からよりよい解法を見いだすことを基本にする。
3) 間違えてもよいという雰囲気をつくる。
4) 予想外の生徒の反応も取り上げ，授業に生かすことを重視する。
5) いろいろな考え方があることを強調する。

本稿を書くにあたりこれらを読み返してみて，本書で述べられている基本的な考えが通奏低音のようにすでに述べられていて，そこからは授業の在り方に関する不易の部分が感じられる。

(3) 「わかる授業」実現のための検討の視点

「わかる授業」についてグループを組んで行われた研究（吉田ほか，2009）においては，それを実現するための検討の視点として次の6つを設けて，授業実践を検討している。

1) 授業のねらいの明示
2) 問題選択とその提示の仕方の検討，具体化
3) 生徒の解決法に関する検討

4) 的確なコミュニケーションの場の設定（生徒同士の，授業者と生徒の）
5) 的確なワークシートの工夫（特に上記2)，3)を実現する上で重要）
6) わかったかどうかの把握の方法（授業中，授業後）

　これらは，実際に行われた複数の授業研究における参会者の議論に基づいて確認されている。授業前に検討すべき内容であり，授業後の協議の柱にもなっている。
　この研究の中で，吉田（2011）は「昔から研究されている『よい』授業と違って，『わかる』授業は，そのような授業であったかを判断するには，唯一『子どもの学習状況』にしか根拠が求められない」と述べて，子どもを中心において授業を観る立場を明確にしている。
　以上見てきたように，「よい授業」「めざす授業」「わかる授業」と様々な言い方がなされているものの，より好ましい実践に向けて，主体的・探究的な活動が行われるよう，また適切な問題の選択とその提示がなされるよう，種々の取り組みがなされてきていることが確認できる。

3 「よい授業」に向けて

　1で述べたように本研究では，ある授業が「よい授業である」とは，次の2点を満たしているものとしている。
　Ⅰ　生徒が主体的に取り組み，考え続けている。
　Ⅱ　目標が適切に設定され，それが達成される。
　そして，「よい授業」を行うには，教師は次の3つの要件①〜③を満たすようにすることが重要である，という立場に立っている。
　①　本時の目標を明確にする。
　②　問題と問題提示の仕方を工夫する。
　③　考えの取り上げ方を工夫する。
　ここでは上記Ⅰ，Ⅱ，及び①〜③を大前提として，私が特に重要であると考えている次の(1)，(2)，(3)について，さらに細かく述べることにする。

> (1) 目標を「内容」と「方法」の両面から示す
> (2) 生徒が何を見いだすのかを明確にして問題を提示する
> (3) 小集団やペアでの議論を,学級全体でどう広め高めるかを吟味する

(1)〜(3)は,それぞれ主に要件①〜③に関連していて,いずれも授業前に十分検討しておくべき内容である。また(3)については,授業で何が起こっているかを見極め,その分析が重要であるのはもちろんのこと,授業中の生徒の考え方や発言に応じて即決に近い形で教師の的確な対応が必要になる。

(1) 目標を「内容」と「方法」の両面から示す

これは,単元や各授業の目標を「数学的概念の理解」と「数学的能力・態度の育成」との両面から示すと言い換えられるもので,例えば,中学校数学科での図形指導の目標が次の2点で示されることにそのまま対応している。

・平面図形や空間図形についての基礎的な概念や性質についての理解を深め,それを活用する能力を伸ばす。
・論理的思考力や直観力を伸ばす。

あるいはまた,中2での1次関数の章の指導目標の示し方にも対応する。

・1次関数では,変化の割合が一定であることを理解する。
・関数関係を見いだし,表,グラフ,式等で表現する能力や,関数の考えを使って問題を解決する能力を伸ばす。

また,日本での数学的リテラシー研究に大きな位置を占める「科学技術の智」プロジェクト(北原,2006〜2008)では,科学技術リテラシーに相当する「科学技術の智」を,「成人段階を念頭において,全ての人々に身に付けてほしい科学・数学・技術に関係した知識・技能・物の見方」と言い換えていて,その数理科学専門部会報告書(2008)では,数学の世界が「数学の対象と主要概念」と「数学の方法」の2点で記述されている。そのうちの前者は「数量,図形,変化と関係,データと確からしさ」から,後者は「言語としての数学,問題解決・知識体系の構築としての数学の方法」からなっていて,ここでも「数学的概念の理解」と「数学的能力・態度の育成」との両面から検討されているとみることができる。

なお，カリキュラムや授業の目標をこの両面から示すことは，諸外国ではごく普通に行われている（國宗，2007）。

ここで，後者の「能力・態度の育成」に関する全体像を示す研究の例を2つ挙げておこう。

(1)-1 「数学的探究活動」

この研究（長崎・國宗・重松・関口・瀬沼・日野，1997）では，「数学的探究活動」を学習指導要領の算数・数学科の目標，内容に明確に位置づけることを提案していて，そこには次のア）〜ク）が考えられるとしている。

ア）様々な場面で自ら進んで課題を見いだすこと。
イ）見いだした課題を数学的に定式化すること。
ウ）帰納や類比などを使って，一般化したり，特殊化したりすること。
エ）演繹的に証明したり体系化したりすること。
オ）見積りや近似的な扱いをすること。
カ）電卓・グラフ電卓・コンピュータを活用すること。
キ）得られた結果をもとの場面に照らして検証すること。
ク）コミュニケーション活動を課題の探究に積極的に生かすこと。

ア）〜ク）からは，算数・数学学習が問題解決によって進行することが想定されていることが読み取れる。

(1)-2 「算数・数学の力」

この研究（長崎・滝井ほか，2007；長崎・國宗ほか，2008）では，算数・数学のあらゆる活動に関わるはたらきを「算数・数学の力」と呼んで，それを「生み出す力」「使う力」「表す力」「考え合う力」の4つの柱で構成している。その下位項目は次の通りである（紙数の関係で，一部の表現を簡略化した）。

1) 算数・数学を生み出す力
  ① きまりや方法などを見つける力　② 前提をもとに確かめる力
  ③ 多様に考える力　④ 関係づけて考える力
  ⑤ 発展的に考える力
2) 算数・数学を使う力

① 現実の問題を算数・数学の問題に直す力
　　② きまりに従って処理する力　　③ 処理した結果を振り返る力
　　④ 予測・推測する力　　⑤ 感覚的・概括的に判断する力
3) 算数・数学で表す力
　式・表・グラフ・図などに(を)① 表す力　　② 使う力　　③ 読む力
4) 算数・数学で考え合う力
　算数・数学で① 説明する力　　② 解釈する力　　③ 話し合う力

　なお，2008（平成20）年告示の学習指導要領においては，「数学的活動」が「見いだし発展させる」「数学を利用する」「説明し伝え合う」という３つの活動で示されているが，それをより分析的に考察する際に「算数・数学の力」の構成が参考になる。

　またこの構成は，従来から日本の算数・数学教育において重視されてきた「数学的な考え方」に関する分析的な研究（例えば桜井・高橋，1969）を考察する際にも参考になるであろう。

(2) 生徒が何を見いだすのかを明確にして問題を提示する

(2)-1 「発見し証明する過程」の重視

　私は授業において「発見し証明する過程」を重視している。それは，数学の内容や方法の理解に有用であり，数学学習への関心・意欲の喚起につながると考えていることによる。生徒自らがあることを見いだし，「あれ本当かな，やってみよう」という気持ちをもって追究する場を保障する授業展開こそが，生徒の真の学習意欲を喚起する。そこには数学的活動のあるべき姿が観られるに違いない。

　このような授業展開は，好ましい数学学習観の形成に欠かせない。「できあがった内容が与えられ，決まりきった方法による解法を身に付けるのが数学学習だ」という学習観からの脱却をめざしたい。

　「発見し証明する過程」を重視する立場からは，発見の対象として次のア）〜オ）の５つを挙げることができる（國宗ほか，2013）。

　　ア）（図だけ・場面だけから）命題を見いだす。

イ) （結論が与えられていて）仮定を見いだす。
ウ) （仮定が与えられていて）結論を見いだす。
エ) 証明を見いだす。
オ) （命題を一般化する等によって）より発展的な命題を見いだす。

　さて，上記のイ)「仮定を見いだす」に関する具体例として，ある条件を満たす作図の方法を考えその方法が正しいことを証明するという学習指導を挙げることができる（榛葉・園田・國宗，2004；ほか）。例えば「角の二等分線をいろいろな方法で作図しよう」という問題に対して，生徒たちは多様な作図方法を考え，その方法が正しいかどうかを検討する。自らが，あるいは友達が行った作図方法で「問われている図が本当にかけるのだろうか」という疑問が生じて，「その理由を考えてみよう」と証明の追究へと自然に進んでいく。生徒が考えた作図方法は，結論「（そのように引いた直線は）角の二等分線である」ことの十分条件にあたる仮定を見いだしている。
　生徒に何を見いださせようとするのかを十分に検討して，問題提示の仕方を確定する必要がある。

(2)-2 「線分の3等分の作図」の授業での問題提示

　ここで，中3での「線分の3等分の作図」の扱いを例にして，何を見いだすかによって生じる生徒の活動の広がりの程度を分析して，問題提示の仕方について考えてみよう。
　まず，生徒が「仮定（作図の方法）」と「証明」を見いだす授業を想定するならば，(a1)や(a2)のような問題提示が考えられる。
　(a1)　「線分ABを3等分してみよう。」
　(a2)　「紙をピタリと3つ折りにするには，どのように折ればよいだろうか。」
　これでは生徒にとって難易度が高いと考える場合には，(b)や(c)のようにあ

る作図の方法を示し「その証明」だけを見いだす展開になる。
- (b)「(ノートの罫線に関連させて)この方法で線分ABが3等分されることを証明しよう。」
- (c)「線分ABを3等分するには，右の図のように行えばよい。この方法で線分が3等分されることを証明しよう。」

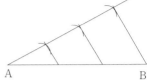

問題(a1)や(a2)による授業展開では，結論「線分を3等分する」ことの十分条件にあたる「仮定(作図の方法)」を見いだし，さらに「このように作図するならば，線分が3等分される」と命題化して，その「証明の方法」を見いだすことになる。(a2)では，実際にA4版の紙を手に，その折り方(作図の方法)をいろいろと考えて，証明方法も見いだすことになる(丸井, 2011)。

なお，日本数学会(2013)が行った大学生数学基本調査においては，「線分を3等分したい。その作図の手順を箇条書きにして説明しなさい」と問いかけている。これに答えるには，仮定と証明を見いだすことが要求される。

(b)のノートの罫線に関連させて3等分の方法を考えるという展開は，いくつかの現行教科書の記述にも見ることができる。この提示は，1つの作図方法を想定していて，証明の方法だけを見いだすことになる。

(b)と(c)の中間にあたる問題提示としては，(c)の一部が与えられた下図から暗示される作図の方法を見いだし，それが的確な方法であることを証明する展開もある。

上記のいずれの授業展開に依るかは，授業のねらいや生徒の実態によって決まってくる。

以下ではさらに，積極的に「発見し証明する過程を重視」している(a1)と，標準的に行われていると考えられる(c)について，詳しく検討する。

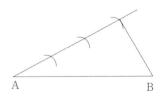

(2)-3 作図の方法とその証明を見いだす展開

「線分 AB を 3 等分してみよう」と問題を提示し，生徒が行う多様な作図方法を取り上げてそれが的確な方法であることを証明するという授業展開である。線分の垂直 2 等分線をいくつかかき始める姿が見られるが，その方法は全体の場で否定される。このような試行錯誤に続いて，「利用できそうな定理はないか」「相似な三角形をつくり出してみよう」など，授業者による適度な示唆が有効にはたらく。実際，生徒たちは例えば次のような作図方法を見いだす（榛葉他，2004；望月，2006；ほか）。

ア）　上記(c)で示した典型的な作図。
イ）　平行線を引き，相似比が 1 : 2 である 2 つの三角形を作図する。

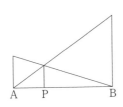 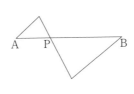 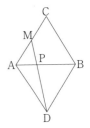

ウ）　正三角形を作図し，辺の中点 M をとって右上の図のように P を決める。
エ）　B を通る直線上に点 C，D を，AB が△CAD の中線となるようにとり，△CAD の他の中線を引いて交点を求める。この方法は，三角形の重心の性質を知っている大学生の解答では多々見られる。

多様な作図方法を確認しその方法で 3 等分できることを証明するという展開にすることの理由として，この内容をある作図法だけの学習にとどめてしまっては惜しいという考え方が挙げられる。中 2，中 3 での論証の学習指導で補助線に関する指導をどう積み上げてきたかが問われるものの，上で紹介したようないろいろな作図の方法が考えられるし，「三角形と比」等の定理の活用場面としても位置づけられるのである。

このような展開で公立中学校において実践した望月は，その報告の中で，

「じっくり取り組ませる時間がなかなかとれない現状」に触れながらも、「子ども達は、実に様々な方法で線分の3等分の作図に取り組んだ。子どもの考えは、教師の考えを遙かに上回っており、その多様性や一生懸命考える姿に心を打たれた。」とまとめている（望月、2006、p.17）。

生徒の姿からは、多くの練習問題を課すよりも、的確な問題群を用意し「作図し証明する」追究活動の場を用意することの重要性が伝わってくる。

(2)-4 ある作図の方法の証明を見いだす展開

多くの時間が用意できない場合には、問題(c)によって1時間で扱う実践も価値あるものと考える。以下の実践事例は、公立中学校において茂木哲律教諭によって行われたものである。

① 「線分ABを3等分する点を作図しよう」との問いかけに、多くの生徒たちが「線分の2等分線の作図」を何回か繰り返して3等分点を求めようとした。全体でそれを取り上げ、この方法ではできないことを確認した。

② ①の実態を踏まえて授業者は、3等分する方法をビデオ映像で動的・継時的に示した。生徒からは「あー」「おー」という声が挙がった。

③ 生徒は、映像に倣ってワークシート上に3等分する作図を行い、その方法で3等分できることの証明に取り組んだ。

④ その作図でよい理由を、「平行線と比」の定理を使って全体で確認した。

⑤ 確認問題として、線分ABを2：3に分ける点を作図した。そして、その作図の方法と証明について、個人で解答し、小集団で確認し合った。

この展開では、生徒は、③の段階では示された作図方法が正しいことの証明を、⑤の段階では作図方法と証明を見いだしている。作図の方法が正しいことは、既習である「平行線と線分の比」や「三角形と比」の定理の適用問題として位置づけられるが、半分を超える生徒は、これらの定理は使わずに、相似な

三角形に着目し相似比に基づいて証明していた。

　この授業での授業者は，①で示した生徒の反応を踏まえて，線分を3等分する作図の方法を示し証明へと進み，さらに2：3の点をとる問題を考えさせて，本時の学習内容の理解と定着の程度を確認するとともに，作図や証明の方法を説明し合う活動の場を設けて表現する能力の育成をめざしていた。

　ここでは，「線分の3等分の作図」を例にして，「発見し証明する過程を重視する学習指導」における問題提示の方法について検討した。繰り返しになるが，生徒に何を見いださせるか，授業をどう展開するかは，授業のねらいや生徒の実態によって決まってくる。

　以上述べたように，授業で生徒がどのような数学的活動を行うことをねらうのかを十分に吟味する必要がある。その際には，授業者が生徒にどのように関わるのか，どこまで自由に考えさせるのかが大きな論点になる。生徒自らが追究できることを教師が先回りして説明する必要はないし，手が届かない問題を提示して「考えよう」と問うのも無意味である。

(3) 小集団やペアでの議論を，学級全体でどう広め高めるかを吟味する

　自分の考えを他者に説明し伝え合うことは，自分自身の考えをより確かに理解することに役立つとともに，他者との相互交流によって数学的コミュニケーション能力を伸ばすことになる。それだけに，「問題把握」「個人追究」のあとに，小集団やペアでの議論の場を設定し，個人追究での生徒一人ひとりの考えを発表し交換する機会をつくり出すことは，学級がふつう30人前後の生徒からなることを考えると，授業展開に関する重要な方法論であろう。そこではグループの数だけ発表者が同時に現れることになる。

　ここでの検討課題は，グループでの議論のもち方，そして，それを踏まえた学級全体での共有や高め合いに関してである。

(3)-1　グループでの追究

　まず「グループでの追究」に先立つ「個人追究」おいては，ノートやワークシートに自分の考えを書く習慣をつけておきたい。あまり細かく丁寧に書くことを要求する必要はないが，自分が考えたことが伝わるような書き方を

推奨する。生徒はこの活動を通して，書くことによって考えを進めることの重要性を確認していく。これに慣れるまでのノート指導は欠かせない。

　3，4人のグループ（小集団やペア）での追究は，「個人追究」での自らの考えをより明確に捉えることに有効である。解答できたのか，どこが不明確だったのか等々，自らのわかり方がはっきり認識できる。さらに，少人数という特質が発言のしやすさにつながり，お互いの考え方を深め高めるような議論にもなる。誤った考えも気軽に話に乗せられるような，メンバー間の関係ができるとよい。これは，学活や他教科で行われる話し合いの雰囲気にも大きく影響されるであろう。なお，小集団での追究を重視する熊倉ら（2011）は，その長所を，「生徒の授業への主体的参加を促すとともに，数学的な思考力・表現力を高める」とまとめている。

　お互いの考えを説明し合う際には，「個人追究」の際にノートやワークシートに書いた自分の考えに基づいて，メンバーすべてが自分の考えを発表する機会を与えられるようにする。わかった者だけが説明するというのでは，少人数で交流する価値が失われてしまう。ホワイトボードやＡ３程度の紙を用意したりして，書いて説明し合うという方法も不可欠であろう。説明し伝え合うのに有効であり，そこでの議論や書かれた内容を手がかりにして，教師は生徒たちの頭の中での思考行動を把握しようとする。

　グループでの追究の場面での教師の役割は，一斉指導の場合と同様，どんな考えが議論されているのかの把握，場合によっては特定のグループに対する援助，そして「全体追究」での展開に関する方針を立てることであろう。

(3)-2　グループでの議論から全体での検討へ

　「グループでの追究」に続く「学級全体での検討」では，多様な考えや追究方法をいかにまとめるかが課題である。ここでは，「グループでの追究」での議論を「全体検討」においてどう位置づけ，どう扱うかについて考える。

　「全体検討」では，はじめにグループで挙げられた考えの発表がなされ，それらを共有し関係づけて，本時のねらいに向けてまとめが行われるのがふつうであろう。ここで，グループから全体への移行において，例えば5通り

の考えが現れ，そのうちの2通りの考えについてはどのグループでも正しい結論を得ていたとすると，5通りの考えを全体で共有する方法にはいろいろなスタイルが考えられる。どのグループでも正しい結論が得られている2通りについては，教師主導によって簡単にこの考えを確認し，残る3通りについて重点的に検討するというのが原則であろう。5通りについて丁寧に検討する必要はない。実態によっては2通りのうちの一方を簡単に確認し，残る4通りを検討する場合もありうる。言い方を変えれば，全体検討は，グループでの追究で未解決な点を中心に行われればよいということである。

なお，多様な考えの扱いに関する古藤らの研究（1992, 1998）では，多様な考えを練り合うための4つの段階「妥当性の検討・関連性の検討・有効性の検討・自己選択」を設定し，そこではそれぞれ「真意をたずね合う・つなぎ，くくり，つけたし合う・ずれを意識しこだわり（自分の考え）をぶつけ合う，よさを認め合う」というコミュニケーション活動が重要であるとしている。参考にしたい。

最後に，「全体追究」を改善するための方向性をいくつか列挙しておこう。
・「いろいろ考えが出てよかったね」で終わっていないか。
・多様な考えを授業に乗せ，それを検討し吟味する場はあるか。
・「これがよい」と授業者が価値づけて終えていないか。
・数学の内容と方法からまとめているか。
・練習や振り返りでは，学習のプロセスを問う問いを用意しているか。

なお，「数学的コミュニケーション活動の重視」と「多様な考えを生かすこと」に関しては他で述べているので，参考にされたい（國宗，2009）。

学習に関する昨今の流行語に踊らされず，算数・数学教育が従来から重視し育んできた「数学的活動」をより一層充実させ，「よい授業」をめざして，実践・研究の積み重ねと成果の共有が今こそ望まれる。

〈引用・参考文献〉

飯田慎司（1990）「問題解決」岩合一男編著『教職科学講座　算数・数学教育学』福村出版, pp.135-149

北原和夫研究代表（2008）「21世紀の科学技術リテラシー像～豊かに生きるための智～」科学技術振興調整費研究報告書『数理科学専門部会報告書』

國宗進（1994）「算数・数学科」静岡授業研究会『観点別評価と新しい学習観・学力観』明治図書, pp.70-83

國宗進・相馬一彦編著（1994, 1996）『関心・意欲を高める授業の創造①, ②』明治図書, pp.7-16

國宗進（2007）「諸外国における算数教育の目的・目標」長崎栄三・滝井章編著『シリーズ算数の力を育てる①』明治図書, pp.148-160

國宗進（2009）「学習の過程を一層重視した数学の授業」長崎栄三・國宗進・太田伸也・相馬一彦編著『中学校新数学科の授業創り②　新たな数学の授業を創る』明治図書, pp.9-18

國宗進「「わかる」とは」（2010）吉田明史研究代表『わかる数学の授業を構築するための基礎研究』2007～2009年度科学研究費成果報告書

國宗進・熊倉啓之・松元新一郎（2013）「図形の論証の理解とその学習指導―図形の相似に関する補助線を引く方法の意識化―」数学教育論文発表会論文集, 第46回秋期研究大会

熊倉啓之編著（2011）『数学的な思考力・表現力を鍛える授業24』明治図書

小関熙純・國宗進編著（1999）『「よい授業」の創造と展開』明治図書

古藤怜（1983）「Problem Solving と数学的な考え方」筑波数学教育研究2号

古藤怜編著（1992）『算数科　多様な考えの生かし方まとめ方』東洋館出版社

古藤怜編著（1998）『コミュニケーションで創る新しい算数学習―多様な考えの生かし方まとめ方―』東洋館出版社

佐伯胖（1982）「"わかること"の心理学」『認知心理学講座3　推論と理解』東京大学出版会

榛葉伸吾・園田博人・國宗進（2004）「作図から証明への過程を重視した「相似な図形」の学習指導」静岡大学教育学部附属教育実践総合センター紀要, No.10, pp.11-22

赤摂也（1966）「特集数学的な考え方」『教育研究』第21巻第5号

相馬一彦（1983）「問題の解決過程を重視する指導―数学教育と問題解決―」日本数学教育学会誌, 第65巻第9号, pp.2-11

手島勝朗（1994）「認知的葛藤の生成と解消―対角線の存在性をめぐって―」第27回数学教育論文発表会論文集，pp.65-70

桜井隆道・高橋栄治（1969）「数学的な考え方に関する研究」東京都立教育研究所紀要第1号

波多野完治（1987）『授業の心理学』小学館

波多野誼余夫（1996）「概観：獲得研究の現在」『認知心理学5　学習と発達』東京大学出版会

長崎栄三・國宗進・重松敬一・関口靖弘・瀬沼花子・日野圭子（1997）「算数・数学科カリキュラムの改善に関する研究」国立教育政策研究所

長崎栄三（2007）「数学的な考え方の再考」「算数・数学の力へ」長崎栄三・滝井章編著『シリーズ算数の力を育てる③』東洋館出版社，pp.165-192

長崎栄三・國宗進・太田伸也・五十嵐一博・滝井章・近藤裕・熊倉啓之ほか17名（2008）「算数・数学教育の目標としての「算数・数学の力」の構造化に関する研究」日本数学教育学会誌第90巻第4号，pp.11-21

日本数学会・教育委員会（2013）「第一回 大学生数学基本調査報告書」

丸井理恵（2011）「平行線と線分の比の性質の活用」吉田明史編著『「わかる」授業をつくる中学校数学科教材研究＆授業デザイン』明治図書，pp.87-91

望月美樹（2006）「多様な見方・考え方を伸ばす図形の授業―線分の3等分の作図を題材として」第88回全国算数・数学教育研究（東京）大会発表資料

吉田明史編著（2011）『「わかる」授業をつくる中学校数学科教材研究＆授業デザイン』明治図書

（國宗）

3 「よい授業」の規範的側面についての考察

1 教師のもつ「よい授業観」

　筆者（二宮）が「よい授業」を研究テーマとして捉え，深く関心をもつようになったきっかけは，アメリカの研究者からの次のような質問であった。

> 日本の先生方は，「よい授業」のどこを見て『よい』と判断しているのですか？

　私たちはこれまでにたくさんの授業を参観し，多くの「よい授業」を見る機会を得ている。よい授業を参観したあとで，「よい授業だった」と心の底から嬉しくなるような経験も数多くある。しかし改めて，「どうしてその授業を『よい授業』と判断したのだろうか」と考えてみると，その根拠として挙げられる事柄は，どうも後付けの理由であるような気がしてならない。この授業の「ここがよかった」といった事柄をいくつも挙げることはできるが，それらの事柄を根拠としてその授業を「よい授業」と判断しているのかといえば，実際はむしろ逆かもしれないと考えたのである。

　経験を積んだ教師は，その経験を通して，多くの優れた教師の間で暗黙裡に共有されている「よい授業観」を構築・獲得してきたのではないか，というのが現時点における仮説である。授業を参観する際に，暗黙裡にある「よい授業観」と照らし合わせながら，その授業を直観的に評価する。その評価結果が，自らがもつ「よい授業観」と整合するときに，その授業を「よい授業」と判断するのではないだろうか。

　このような仮説に立ったとき，授業研究に代表される日本独自の教員研修や，年月をかけて教師が授業力を向上させていくことなど，日本の先生方が長年にわたり取り組んできたことにも合点がいく。多くのベテラン教師は，たくさんの研究授業を参観し，また多くの授業を行うことを通して，授業力

を培ってきた。もちろん，「研修」という名目の指導（講義）を受けることもある。しかし指導を受けるだけで，よい授業ができるようになるとは思えない。「よい授業」を数多く参観し，自らが授業を行い，「よい授業」をめざして研鑽を積む『経験』を通して，教師は長い年月をかけて暗黙の裡に「よい授業観」を構築・獲得するとともに，「よい授業」ができるようになるのではないか。

　「授業観」とは『授業を見る目』でもある。経験の浅い教師は，よい授業を参観しても，その「よさ」がわからないことがある。些細なエピソードに拘り，大局的にその授業を捉えることなく，授業の善し悪しを見誤ることもある。ベテランの教師が「よい授業」と判断する際のエピソードの価値がわからないこともある。そのような教師が，長年の『経験』を通じて「よい授業」を数多く参観し，また自分自身で「よい授業」の再現を試みることで，授業力が向上するとともに「授業を見る目」が育つ。それと並行して，徐々に「よい授業観」が構築されていくのではないだろうか。10年，15年といった年月をかけて，「よい授業」のできる教師は育っていく。このことは，教師が長い年月をかけて，日本の数学教師コミュニティーにおいて共有されている「よい授業観」を獲得していくプロセスでもある。健全かつ適切な「よい授業観」を獲得・構築することが，「よい授業」の『よさ』を的確に認識することにつながり，それに伴い「よい授業」のできる教師へと成長していくのではないだろうか。

　本節では，日本の数学教師コミュニティーにおいて暗黙裡に共有されているであろう「よい授業観」について，先行研究や日米共同研究の成果をもとに探ることを通して，「よい授業」とは何かということを改めて捉え直していきたい。そして，「よい授業」を描写するための枠組み（「このような授業がよい授業である」という説明）を踏まえ，「よい授業」を規範的に捉えるための枠組み（「よい授業はこうあるべきである」という説明）について考えたい。

2　本書における「よい授業」の規定

　本書第1章①では,「よい授業」とは何かを集約したポイントと,「よい授業」を行うための3つ要件を,次のように示した。(p.14, 18)
　Ⅰ　生徒が主体的に取り組み,考え続けている授業
　Ⅱ　目標が適切に設定され,それが達成される授業
　　［要件①］本時の目標を明確にする
　　［要件②］問題と問題提示の仕方を工夫する
　　［要件③］考えの取り上げ方を工夫する

　これらのポイントや要件は,私たち研究グループが多くの研究授業（事前の指導案検討や授業後の検討会などを含む）を通して見いだした枠組みである。本書ではこの枠組みをもとに指導事例の検討を進めている。また実際に研究授業を行う際にも,これらのポイントや要件に十分配慮し,実践研究を進めてきた。まずは,これらのポイントや要件が満たされなければ「よい授業」とはいえない。しかし,これらのポイントや要件が満たされてさえいれば,その授業は無条件に「よい授業」と認められるのか,言い換えるなら,これらのポイントや要件を「よい授業の規範」として位置づけることができるかというと,話はそれほど簡単ではない。次項以降,いくつかの例を見ながら,「よい授業とはこういうものだ」という規定が実は非常に難しいこと,さらに言えば,それを完全に明文化することは不可能に近いことについて論じていきたい[1]。

3　先行研究において指摘される「よい授業」
(1) 日本の数学教育研究の成果として描写されている「よい授業」

　杉山（1990）は「よい授業の条件」について次のように述べている。
　　よい授業ということは分かりますが,その真似をしても,よい授業ができるというわけではありません。(中略) 出来上がった結果だけでは分からないものです。結果を知ると同時に,その結果を生み出すプロセスを知らなければなりません。(pp.4-5)

我々が経験的に知っているように,「よい授業」の上辺だけを真似したところで, その授業と同じようによい授業ができるわけではない。「よい授業」という結果を生み出すプロセスとしての, いくつもの要件を押さえておく必要がある。本項では, 先行研究において指摘されている「よい授業」の要件を探り, 本書における提案との整合性を確認しておきたい。

　平林(1981)は, よい授業に必須の要件として「文脈性」「活動性」「数学性(学問性)」の3点を挙げている。授業の中にきちんとした文脈がないものは, 子どもは理解できない。また, 活動を通してはじめて概念形成が可能になる。さらに, 授業としてどれだけ価値のある内容であるかが重要であるとしている。

　佐伯(1982)は, よい授業の「よさ」を, 学習者の認知構造の変容において捉えようとした。学習者の認知構造を, 教師の認知構造(または教科書の内容構造)により近く変容させる授業を, よい授業としている。

　坪田(1989)は「よい授業」を,「子供が生き生きと活動できる授業であって, しかも, 考え方を学びとらせる授業(p.1)」とした上で, その授業構成のポイントとして,「テーマを明確にすること」「1時間を支配する初めの発問を用意すること」など8点を示した。

　杉山(1990)は「よい授業」の条件として次の5点を挙げている。
① 指導のねらいがはっきりしている
② 子供によく分かる話し方をしている
③ 子供の学習意欲を高める動機づけを心がけ, 楽しい授業になっている
④ 考える力を伸ばすことに配慮している
⑤ 個に応じた学習指導をしている

　中原(1996)は「よい授業」の例として, 子どもたちが活発に活動した授業, 子どもたちが内容をよく理解した授業, 子どもたちが楽しむことができた授業, を挙げている。そして, 授業の目的が達成されたかどうかが重要な要件であるとし, よりよい授業の創造は授業の目標, 内容, 方法, そして結果を含めた総合的な検討を要するものとしている。

小関・國宗（1999）は，「概念の理解」についての授業に着目した。図形や文字の概念をどのように理解するのかを長年研究してきた成果をもとに，「抽象概念形成に関するよい授業」を行うにあたり，「子どもが数学の概念をどういう段階を踏んで認識していくかを知ること」「子どもが，発達段階のどこに達しているかを知ること」など，授業者に要求される6つの視点を定めた。

　清水（2004）では学習者の観点からみた授業研究の一環として，授業を受けた生徒に再生刺激インタビューを行っている。授業において「自分にとって重要であった箇所」を聞くとともに，「よい授業」の構成要素について質問がなされた。「よい授業」の構成要素としての分類カテゴリーは，「個人の理解・思考」「個人の発表・発言」「他の生徒の意見・説明」「学級での話し合い」「教師への質問・教師の説明」である。

　日野（2006）も学習者の観点から見た授業研究の一環として，生徒のもつ「よい授業」観をインタビューしている。それぞれ，「疑問があったら，それを解決したりすると，より詳しくわかるし，たくさん発言すると，授業に積極的になって，なんか本当によくわかるから，先生も教えてくれる」「みんなで意見を出したりそういう，みんなで授業をつくっていくような授業」と述べ，2人とも「クラス全体で意見を出し合い考え合っていく授業」がよい授業であると捉えていることがわかった。

　これらの先行研究で述べられている内容は，細部を見れば本書で提案する「よい授業」の要件と異なるものもあるが，私たちが考える「よい授業」と大きく異なるものはほとんどない。そして，ここで挙げられる項目のほとんどについて，数学教育関係者に大きな異論はなく，「よい授業の要件」として概ね受け入れられるものと考えることができる。そのことを本節の仮説に沿って説明するなら，多くの数学教育関係者が暗黙の裡に何か，これらの項目を内包する「よい授業観」とでもいうべき感覚を，理論研究や実証的研究を通して構築しているのではないか，と捉えることができる。その「よい授業観」は暗黙裡に形成されているが故に，明文化できない要素がいくつも含

まれる。もしかすると，本当に大切なこと，最も重要なことほど明文化が難しいものかもしれない。そのため「よい授業」を描写しようとするときに，本筋において大きく異論は出ないものの，その表現は研究者により多岐にわたるのではないだろうか。

　「よい授業」について検討を進めていく中で，仮に理論的に「よい授業のモデル」の構築が可能であるとするなら，ここに挙げられた項目の大半はそのモデルに内包されるべきものである。ここで挙げられる項目のほとんどは，各研究者が実際に多くの「よい授業」を参観し，「よい授業」と捉えられる授業の特質を一般化して記述したものである。その「モデル」は，ここで挙げた多くの項目により「よい授業」をきちんと説明をすることができる。即ちその「モデル」には，少なくとも記述性は保証されているということになる。しかしながら，これらの要件が満たされたものは必ず「よい授業」であるといった一般化にまでは至らず，そのような意味において「規範性」が備わったモデルであるとまではいえない。

(2) 海外の数学教育研究の成果として描写されている「よい授業」

　平成22年8月に東京で行われた第5回東アジア数学教育国際会議でのパネルディスカッションのテーマは「算数・数学科におけるよい授業とは？」であった。「よい授業」の要件として，Yeap Ban Har 氏（シンガポール）は，教師の協働（Collaboration），現実味のある学習（Authentic Learning），チャレンジングな問題に取り組むこと，を指摘した。Kyungmee Park 氏（韓国）は，個に応じた指導，リアリティーのある文脈（Realistic Context），パフォーマンス評価，教師の職能開発（Professional Development），を挙げている。Catherine Vistro-Yu 氏（フィリピン）は，教師が数学の内容を深く理解すること（教材研究）をそのポイントとして述べ，「よい授業は教師から始まる」と結論づけた。最後に Ngai Ying Wong 氏（香港）は，東アジアの国々にある儒教の伝統について言及し，孔子の教育を一つの「よい授業」のモデルとしている。このパネルで議論となった内容もまた，どちらかというと「よい授業」を観察した結果（記述性）についてのもので，各国の研究者が思い

つくままに，それぞれの国で捉えられている「よい授業」の特徴を述べただけの印象が強い。「よい授業とは何か」という本質的・根源的な問いに対して，それを議論する基盤が整っていないことの証左であるようにも思われる。

Corey et al.（2010）は，日本の国立大学附属中学校で行われた教育実習でのエピソードを分析し，クオリティの高い数学の授業における6つの原則を次のようにまとめている。

(1) 知的な取り組みの原則：知的な数学的活動をさせること
(2) ゴールの原則：授業の目標をしっかり立てること
(3) 流れの原則：授業の流れをしっかり組むこと
(4) ユニットの原則：ユニット間の内容の関連性に留意すること
(5) 柔軟性のある指導の原則：個に応じる指導
(6) 準備の原則：しっかり授業の準備をすること

原則（Principle）として述べられているこれらの事柄は，私たち日本の数学教育関係者にとっては，あまりにも当たり前のことであろう。「よい授業」がこれらの要件を満たしていることは自明のことであるが，これらが達成されることだけで「クオリティの高い数学の授業」になるとは思えない。この論文の著者らによると，このような基本的な事柄もアメリカの数学教師には「規範」となり得るとのことであった。これらの項目が達成されていないようでは困るが，しかし，これらの事柄が達成されれば，それで「よい授業」と単純に捉えてよいのかについては，疑問が残る[2]。

4　授業評価シートのチェック項目

特に海外で多く見られる手法であるが，「よい授業」をめざす（授業改善）ための方策として授業観察シートや授業評価シートが用いられることがある。そこにはチェック項目が羅列され，それらの項目にチェックを入れることで，その授業が「よい授業」であるか判断するための手がかりにしようとするものである。

富永・他（2009）は，教育実習の評価に授業評価シートを用いることを提

案している。評価シートの項目は大きく「授業の構成・準備」「授業の実施」「生徒の反応」に分けられる。

　海外に目を向けると，Hill, et al.（2010）は，先行研究の成果やよい授業実践ビデオデータなどを参考に，授業の数学的質（The Mathematical Quality of Instruction）の指標を構築している。この指標は，数学の学習指導における複数の様相を捉えるためのものであり，具体的には次の項目がある。

項目ごとの質問
　教室での活動が数学に結びついているか
　指導の方策
　豊かな数学性
　生徒とともに数学を学ぶこと
　間違いや不正確さ
　意味の構築や推論における生徒の参加

授業全般に関する質問
　「指導における数学の質」と「教えるための数学的知識」全般
　授業中になされたかどうか

　Merton Council（2010）では，新たに採用された教師の授業を評価するための授業観察フォームとして，以下の内容を公開している。（一部略）

授業の開始
　子どもたちは学習の準備ができたか
　教材やプリントなどの配布は適切か
授業の導入
　前時の振り返りは十分できたか
　本時の課題は確実に共有されたか
　導入時の算数的活動は適切だったか
授業の展開
　教師の説明は明確だったか
　発問は有効になされていたか
　子どもの話し合いは効果的になされたか
　授業の進み方は適切だったか
　算数的活動は適切であったか
　異なる考え方を有効に使っていたか

　学習目的が明確に示されたか
　教師は子どもの学習を適切に支援したか
　適切な教材が用いられていたか
　授業の補助者は子どもたちを適切に支援したか
　子どもたちは十分に学習を進めることができたか
　学習指導は有効であったか
　子どもたちの学習態度は適切に管理できたか
　時間は十分であったか
授業のまとめ
　最後のまとめは本時の目標と照らし合わせてきちんとなされたか

　Park, et al.（2011）は，教育実習での中等教育数学科の授業観察のためのルブリックを，「数学の厳密さ」「数学的ディスコース」「学習内容への公平

なアクセス」「学級全体」という観点で構築した。

　Virginia Board of Education（2011）が構築した授業評価のための基準は次の通りである。

基準1：専門的知識	基準5：学習環境
基準2：指導計画	基準6：専門性
基準3：指導実践	基準7：生徒の学習の進歩
基準4：生徒の学習のための評価	

　ここに例示した授業評価シートの各項目は，授業を参観する際にその善し悪しを判定するための視点となるものである。しかしながら，前項で述べた「よい授業」の要件と非常によく似た項目が多い。考えてみれば当たり前のことで，多くの「よい授業」を参観してそれを一般化することで「よい授業観」が構築されるのに対して，授業評価シートの各項目は，「よい授業」の参観や理論研究・実証的研究を通して構築された『（暗黙裡に共有される）よい授業観』がもとになって導かれたものと解釈できるからである。これらの項目が「よい授業として満たされるべき要件」と捉えられ，授業の善し悪しを判断する基準として用いることができるのであれば，前述のような「よい授業のモデル」が提起される場合，そのモデルはこれらの項目により規範性を備えているということになる。

　しかしながらこれらのチェック項目は，ある目標に即して設定されたものである。チェックされる項目数が多いことをもって「その目標を達成することができた」と判断することはできるかもしれない。しかし，「よい授業」を目標としたとき，そもそも「よい授業」の規範となるようなチェック項目を『漏れなく設定』することができるかどうかには，疑問が残る。したがって，ここに例示した項目が仮に完全に満たされた場合であっても，そのことをもって無条件に「よい授業」と判断するのは早計であるように思う。少なくとも，ここで挙げたこれらの項目により「よい授業のモデル」の規範性が保証されているとは言い難い。仮に，世界中すべての授業観察シート／授業評価シートの全項目を集めることができたとしても，それらを根拠に「よい

授業」を的確・確実に判断できるのかといえば、筆者の答えは否である。本節の仮説に沿って論じるなら、暗黙裡に形成される「よい授業観」の要素には、明文化できないものが含まれるはずである。それらがチェック項目として明文化されていないことは、実際にチェック項目を精査する際に直観的に感じる物足りなさとして現れているように思う。

「よい授業」を「よい」と判断するときに、我々はここに挙げるような項目に照らし合わせることだけで判断しているのではない。先行研究にある「よい授業の要件」や「授業評価シートの項目」は、その前提として絶対的な意味での「よい授業のモデル」を想定しているように思う。しかし、明文化されない要素が存在するであろうことを考慮すると、本当にそのような絶対的モデルを構成できるかについては、さらに精査する必要がある。

5　教師の潜在的授業力－記述不可能な要件

本書のテーマである「よい授業」という非常に漠然とした事柄について、改めて捉え直そうと考えるきっかけになった授業が、本書の冒頭で述べられているアメリカでの授業であった。本項では、この授業から得られる示唆を含め、アメリカの研究者との共同研究を通して見いだされた諸点を、「よい授業」を規範的に捉える際の留意点として言及しておきたい。

(1)　「よい授業」を「よい授業」と認識する際の視点

ここで紹介する授業は、アメリカ ユタ州にある中高一貫校で行われた「代数Ⅱ（Algebra 2）」（9年生と10年生の混合クラス）における「逆関数の導入」の授業である。

逆関数の指導は多くの授業で、最初に逆関数の定義を示したあとに、求めた逆関数を元の関数と比較して考察するような流れが多いが、この授業では「逆関数の定義」を生徒に考えさせることが課題になっていた。この研究授業は本書の編者3名が参観し、授業後に私たちは「とてもよい授業だった」との感想をもったものである。その理由は次の諸点であった[3]。

⟨1⟩　$f(x)$ と $g(x)$ が逆関数であるとき、$f(g(x)) = g(f(x)) = x$ という関係で

あることをもとに，既習である「関数の合成」を使って問題を解くことから授業を導入していること。

〈2〉 $f(g(x))$や$g(f(x))$の計算を通して，合成関数がxとなる2つの関数の関係について，生徒に探求させていること。

〈3〉 生徒の数学的活動に対して，逆関数の暫定的定義「$f(g(x)) = g(f(x)) = x$となる関数fとg」を与えていること。さらに「言葉で説明する」という『思考の道具』(例えば，$f(x) = \frac{1}{2}x - 3$: xを2でわり，3をひく，$g(x) = 2(x+3)$: xに3をたし，2をかける)を生徒に与え，逆関数の本質(逆の演算を逆の順番に行う)を発見させていること。

〈4〉 $f(x) = 3\sqrt{(2x+2)}$ という複雑な関数についても，「言葉で説明する」という『思考の道具』を用いることで，生徒自ら逆関数を見つけることができたこと。

〈5〉 $f(x) = 3\sqrt{(2x+2)}$ が複雑な関数であるが故に，$f(x)$とその逆関数のグラフをコンピュータ画面に映し出したものを見て，$f(x)$と$f^{-1}(x)$が直線$y = x$について対称であることを発見させたこと。また，その特質を生徒に考えさせることで，xとyの値を入れ替えるということに生徒自身が気づいたこと。

しかしながら，同席したアメリカ人研究者の評価は，私たちの評価とかなり異なっていた。同じ授業ビデオを複数のアメリカ人研究者と一緒に視聴したが，私たち3名全員が「よい授業」であると捉えていたのに対して，彼らの反応は「ごく平凡な，典型的な(よくない)アメリカの授業」とのことであった。その理由は以下の通りである。

① 全体としてザワザワと落ち着きのない授業であった。

② 学習の規範が成立せず，生徒は自分の考えるところを散発的に発言していた。

③ 教師は生徒の発言に振り回され，一部の生徒の発言に個別に対応することが多かった。その間，他の生徒は放置されていた。

④ 教師主導で進められ，生徒の発言がクラス全体で共有される機会がほ

とんどなかった。

　この授業について，日本の研究者とアメリカの研究者との間で，その評価が異なる理由を詳しく見ていくと，「よい授業」「よくない授業」と判断した理由がそれぞれ全く異なっていることに気づく。アメリカ人研究者の観察結果（①～④）は概ね事実であり，そのような様相の授業であったことは否定しない。しかし，それを補って余りあるだけのよさ（〈1〉～〈5〉）がこの授業にはあり，それらを高く評価することで私たちはこの授業を「よい授業」と判断したのである。アメリカ人研究者は，学習の規範や授業中の教師の振る舞いに注目していた。私たちが「よい授業」の核心的な要因として『数学的活動の内容』を考えたのに対して，アメリカ人研究者はその核心的な要因として『授業のマネージメント』を考えていたところが，このように評価の違いが生じたことの理由と解釈できる[4]。日米の研究者は，暗黙の裡に異なる要因を「核心的なもの」として捉え，それを前提に授業を見ていたのである。この授業では，特に事前に指導案などは準備されていなかった。授業における指導案は，「よい授業」の核心的な要因（その授業のよさを判断するための主要な要因）を予め同定する役割を果たしているのかもしれない[5]。仮に事前に指導案が準備されていれば，予め「よい授業」の核心的な要因を念頭に置いて授業を観ることができるので，何を核心的な要因とするかについて，日米の研究者間で違いが生じなかったかもしれない。

　このように，同じ授業に対して「よい授業」と判断するための視点が異なった理由は，双方が捉える絶対的な「よい授業観」が異なっていたからではなく，「よい授業」についての核心的な要因の捉え方に違いがあったものと考えたい。「よい授業」とは，「核心的な要因」として位置づけられた項目（授業よさを判断するための主要な要因）が達成されたかどうかで判断される。同じ授業でも，「核心的な要因」に何を位置づけるかで判断は異なる。そして様々な要因がある中で，何を「核心的な要因」に位置づけるかは，授業の目標・目的に大きく依存する。つまり，絶対的な意味での「よい授業」のモデルは存在しないのである。

(2) 授業を表現する力―指導案の作成―

　ここで紹介する授業は，ユタ州で開発された Mathematics Vison Project (MVP)[6]と呼ばれるカリキュラムの題材を用いて，複数の公立中学校において行われたものである。子どもたちに馴染みのある場面として，バスケットボールの選手に関する次のような問題が提示された。

　　バスケットボールのコーチは，センターの選手が20得点と15リバウンドを獲得すればチームが勝つとの見通しをもった。Jakeem と Nate という２人の選手について，Jakeem は１クオーターで７得点，３リバウンドを獲得し，Nate は１クオーターで４得点，６リバウンドを獲得することが期待できる。コーチはこの２名の選手を，どのように起用すればゲームに勝つことができるか。

この授業はベクトル・行列の導入の授業で，具体的な場面を使いながら最終的には次のような表記を学習することを目的としている。

$$\begin{bmatrix} a & c \\ b & d \end{bmatrix} \cdot \begin{bmatrix} x \\ y \end{bmatrix} = x \begin{bmatrix} a \\ b \end{bmatrix} + y \begin{bmatrix} c \\ d \end{bmatrix} = \begin{bmatrix} x\,a \\ x\,b \end{bmatrix} + \begin{bmatrix} y\,c \\ y\,d \end{bmatrix} = \begin{bmatrix} xa + yc \\ xb + yd \end{bmatrix}$$

　実際の授業では，タブレット PC を使って座標平面上の矢印を操作して解を求めることから始まり，連立方程式で表記されたもの，行列の積の形で表記されたものをもとに，このような新しい表記について学習を進めている。
　授業に先立ち，授業者からは次のような Lesson Plan が送られてきた。

ベクトルの授業の進め方

第１時
　この日，生徒は MVP カリキュラムの課題7.7H に取り組む。この課題は，カリキュラムの補充問題である。本時の目標は，ベクトルの視覚的表現とベクトルの成分表示の導入，並びにベクトルの簡単な計算である。また，ベクトルの行列表示も授業で紹介できればと考えている。発展的な内容の導入を行う。

第２時
　第１時の内容の定着をはかる。既習の内容である行列の計算を用いて，MVP カリキュラムの課題7.8H に取り組む。また，第１時で導入されたベク

トルを復習することで，ベクトルの行列表記と成分標記とを関連して捉えられるようにする。

<u>第3時</u>
　本時より，バスケットボールの場面での学習が始まる。それぞれの選手について，シュート得点とリバウンド得点の「パッケージ」を想定する。そしてチームのコーチとして，2名の選手に期待するシュート得点とリバウンド得点について考える。
　最初に，設定された問題を解決するための方略や表現を複数の方法で考えさせるためにオープンな質問を提示する。
　次に，ベクトルを用いる考えや方略を促すために，ベクトルの視覚的表現を提示する。
　ベクトルで表現された情報（パッケージ）が考えを進める助けとなるよう，ジオジブラ（コンピュータソフト）を使わせながら，いくつかの同様な問題に取り組ませる。

<u>第4時</u>
　ベクトルの視覚的表現と行列表現とを関連づけ，行列の乗法とベクトルの加法の関連についての理解を促す。それは，次のようなものである。

$$\begin{bmatrix} a & c \\ b & d \end{bmatrix} \cdot \begin{bmatrix} x \\ y \end{bmatrix} = x \begin{bmatrix} a \\ b \end{bmatrix} + y \begin{bmatrix} c \\ d \end{bmatrix} = \begin{bmatrix} xa \\ xb \end{bmatrix} + \begin{bmatrix} yc \\ yd \end{bmatrix} = \begin{bmatrix} xa+yc \\ xb+yd \end{bmatrix}$$

生徒は既に行列の乗法については学習しているが，それをベクトルと関連づけて理解できていない。本時では，この関連を理解することに焦点を当てる。

　事前に送られてきた授業メモに対して，私たちは授業の実際が全く想像がつかず，大変困惑した。そこで，より詳しい指導案を送るよう連絡し，具体的には「授業の目標」「既習の事柄」「教師の発問」「生徒の活動」などについて，より詳細な情報を送るよう求めた。しかしながら，アメリカ側からの返答は，「我々は日本の先生方がつくるような詳細な指導案を作成することに慣れていないので，これ以上に詳細なものはつくれない」とのことであった。
　非常に大雑把な指導案（？）であり，授業の細かい点に全く配慮が行き届いていないのではないかと思われたのであるが，実際の授業は事前の想像に反して，決して悪いものではなかった。授業者は，Mathematics Vison Project の著者の一人であり，ユタ州でもその実力を認められる優秀な数学

教師である。この教師の授業は，細かいところにも配慮の行き届いたものであり，「よい授業」と判断されるものであった。

　この事例をもとに，「顕在的／潜在的授業力」という視点を拠り所に「指導案を作成する力」について考えたい。授業者が行う授業そのものは，基本的には顕在的である。そして，目に見える（観察可能な）「授業をする力」や「指導をする力」は，総じて「顕在的授業力」として集約することができる。一方で，指導案を作成する能力そのものは，「授業をする力」や「指導をする力」のように授業中に顕在化されるものではない。それでも「よい授業」を具現化させるための『授業力』の一部であることは間違いなく，それは顕在的な授業力の素地とでもいえる力である。このような授業力を「潜在的授業力」として捉えたい。顕在的な授業力は，個々の授業という具体的な文脈から脱文脈化され潜在化し，「潜在的授業力」として授業者に獲得される[7]。

　日本の教師は，教材研究や授業研究などを通して，顕在的授業力を高めることを意識的に行うとともに，そのことを通して無意識のうちに「潜在的授業力」を高めているのではないだろうか。顕在的授業力は，教師がもつ「よい授業をする力」である。それに対して『潜在的授業力』は，授業者の中に埋め込まれた能力であり，「よい授業」の素地を整えるものであるため，授業中に客観的に観察されることはない。指導案を作成する力もまた，潜在的授業力の1つとして捉えられる。それは言い換えるなら，教師が自分の授業を自分自身で認識することであり，それを表現することである。授業者にとって本当の意味での授業力とは，単に「よい授業」ができるということだけではなく，「自分の授業を認識すること」ではないだろうか。そして，「自分の授業を認識」するための1つの方法が，「自分の授業をわかりやすく説明する」こと，即ち指導案の作成である。二宮（2015）は，このような枠組みを次頁のようにまとめている。

　ここで述べられる「潜在的授業力」は，日本の数学教師コミュニティーにおいて共有されている「よい授業観」を構成する1つの重要な要素であると考えることができる。日本の教師はこれまで，顕在的授業力を高めるために

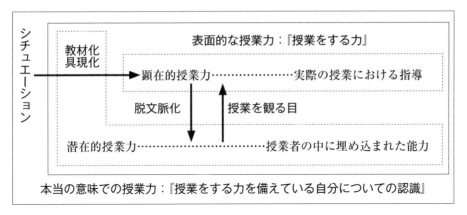

様々な努力を重ね，そのことが今，世界的に高く評価されている。その中で，海外の研究者に理解されていないものがあるとすれば，そのほとんどは「潜在的授業力」を高めようとする努力であったのかもしれない。日本で行われている教材研究や授業研究なども，突き詰めていけばそれは「潜在的授業力」を高めていくための努力である。

　日本の教師は，顕在的授業力の獲得を目標に研鑽を積み，それを通して高い「潜在的授業力」を培っているのではないだろうか。それは同時に「潜在的授業力」を高めることを通して，より高い顕在的授業力を獲得することでもある。そして「よい授業」を実現するために必要な「教師の『授業力』」を顕在的なものに限らず潜在的なものまで含めて捉えたとき，日本の教師が「よい授業観」を暗黙裡に共有しているという仮説にも合点がいく。潜在的であるが故に，暗黙の裡に共有されるのである。

　最後に，「よい授業」を規範的に捉えるための枠組みについて，再度考えておきたい。本書で提起する「よい授業を行うための3つの要件（p.18）」は，いわば「顕在的な要件」として言及されるものである。これらの要件は，3年間の研究を通して特に重要であるとされたもので，いわば「よい授業」の最大公約数的な要件ともいえる。一方で，個々の授業の具体的な状況では，場面に応じてさらに求められる細かい要件が想定される。これら個々の要件には，明文化できる顕在的なものがある一方で，さらに細かくそれらの要件

を分析的に見ていくと，最後には明文化できない「潜在的な要件」に行きつくのではないだろうか。

「よい授業」を行うための要件には，本書で集約した3つの要件のように顕在的なものがある一方で，明文化できない「潜在的な要件」が存在すると考えられる。それらは『潜在的』であるが故に，その詳細を記述することは難しい。直観的に捉えられるものであり，それが教員間で確実に共有されている保証もない。それでも，多くの教員が「よい授業」について合意できることからそれは確実に存在し，暗黙裡に共有される「よい授業観」を構成する必須の要件であると推測される。「よい授業」がこのような「潜在的な要件」を伴い実現するものであれば，明文化される「よい授業の要件」だけでは不十分である。それ故に，「よい授業」の要件として明示されるものは，「よい授業」を描写することはできても，「よい授業」の規範として十分なもの（これをすれば確実に「よい授業」になると保証できる／「よい授業」とはこうあるべきである）にはなり得ない。このような点において，絶対的な意味での「よい授業」を規定することは甚だ困難であると言わざるを得ない。

本書が提案する事例についても，明示されない「潜在的な要件」を伴うものであることを考慮した上で，顕在的なところをただ真似をすればよいというものではないことに留意されたい。

〈注〉
(1) 「よい授業」の要件には，潜在的授業力（後述）のように，明文化が難しいものが少なからずある。
(2) これらの原則が達成される授業が，よりよい（better）な授業であることには間違いない。そのような意味において，Corey et al.（2010）で結論づけられた6つの原則は，（現在の）アメリカの数学授業に対する提言として高く評価されている。
(3) 授業の詳細については，二宮（2014）を参照されたい。
(4) 日本とアメリカの教育実習の違いについて，Corey et al.（2010）は，日本の教育実習では数学の内容に関する事柄が多く指導されていることを指摘している。それと対照的にアメリカの教育実習では，専らマネージメント（学級経営）に関

するところの指導が大半を占めるとのことである。
(5) 日本で行われる研究授業では，ほとんどの場合，指導案が準備され，何が授業の核心的な要因であるかわかるので，今回のような事態はあまり生じないと考えられる。
(6) Mathematics Vison Project については以下のページを参照されたい。
http://www.mathematicsvisionproject.org/
(7) 潜在的な授業力の枠組みについては，Chevallard（2007）や二宮（2010）に依拠し，二宮（2015）において詳しく論じられている。

〈引用・参考文献〉
小関熙純・国宗進編著（1999）『「よい授業」の創造と展開』明治図書
佐伯卓也（1982）「学習者の認知構造変容の測定と分析」『日本教育工学雑誌』第7巻第1号，pp.1-8
清水美憲（2004）「学習者の観点からみた数学科授業の構造の分析」『日本数学教育学会第37回数学教育論文発表会論文集』pp.613-618
杉山吉茂・清水静海編著（1990）『新しい算数科よい授業の条件Q＆A』東洋館出版社
坪田耕三（1989）「1つの授業をつくるとき：円錐の展開図」『日本科学教育学会研究会研究報告』第4号第1巻，pp.1-6
富永和宏・他（2009）「教育実習の評価のあり方の改善について(2)」『学部・附属学校共同研究紀要』第37巻，広島大学，pp.47-52
中垣芳隆（2012）「「よい授業」についての一考察」『大阪女学院 大阪女学院短期大学 教員養成センター Newsletter』第10号，p.4
中原忠男（1996）「よりよい授業の創造を求めて」『日本数学教育学会誌』第78巻第7号，p.161
二宮裕之（2010）「算数・数学教育における学習の所産に関する研究—自分の考えを表現する算数的／数学的活動の必然性について—」『全国数学教育学会誌』第16巻第1号，pp.15-25
二宮裕之（2014）「「よい数学の授業」に関する研究(1)—授業を「よい授業」と認識する視点について—」『日本数学教育学会第47回秋期研究大会発表収録』pp.483-486
二宮裕之（2015）「「よい数学の授業」に関する研究(2)—指導案の作成について—」

全国数学教育学会第42回研究発表会発表資料
日野圭子（2006）「問題解決を重視した授業における生徒の数学的意味構成」『日本科学教育学会第30回年回論文集』pp.95-96
平林一栄・他（1981）「日本教科教育学会シンポジウム"よい授業とは何か"」『日本教科教育学会誌』第6巻第2号，pp.145-173
Chevallard,Y.（2007）Implicit Mathematics: Their Impact on Social Needs and Demands, *Mathematisation and Demathematisation: Social, Philosophical, and Educational Ramifications*, Gellert & Jablonka（Eds.）, Sense Publishers, pp.57-65
Corey, D. L., Peterson, B. E., Lewis, B. M., & Bukarau, J.（2010）Are there any places that students use their heads? Principles of high-quality Japanese mathematics instruction. *Journal for Research in Mathematics Education, 41*, pp.438-478
Hill, H. et al.（2010）*Mathematical Quality of Instruction (MQI) coding tool*, Harvard Graduate School of Education,
http://hub.mspnet.org/index.cfm/20927
Merton Council.（2010）*Lesson Observation Form; Newly Qualified Teacher (NQT) support*, London Borough of Merton,
http://www.merton.gov.uk/learning/training-development/merton_nqt_support.htm#assessment
Park,J.et al.（2011）*Observation Rubric for Secondary Mathematics*, Xchange Publications and Resources for Public School Professionals, UCLA CenterX,
http://centerx.gseis.ucla.edu/xchange-repository/multiple-measures-of-good-teaching/teacher-workroom/observation-rubrics-for-secondary-mathematics-and-science
Shimizu Y. et al.（2010）In search of Excellence in Mathematics Education, Plenary Panel Discussion, *Proceedings of The 5th East Asia Regional Conference on Mathematics Education,* Vol.1, pp.49-75
Virginia Board of Education.（2011）*Guidelines for Uniform Performance Standards and Evaluation Criteria for Teachers*,
http://www.doe.virginia.gov/teaching/performance_evaluation/guidelines_ups_eval_criteria_teachers.pdf

（二宮）

数学の「よい授業」，27の授業例

各授業例は，次のような構成で4ページにまとめています。なお，その授業が単元の中のどこに位置づいているのかについては，はじめの数行の中に記しています。

1 授業前の検討―「よい授業」を行うための要件について―

3つの要件「本時の目標」「問題と問題提示」「考えの取り上げ方」のそれぞれについて，授業前に検討したことをまとめます。

なお，「本時の目標」と「問題」については囲みで示しています。

2 授業の実際

授業の流れを(1)，(2)……と順に示し，教師がどのような指導をして生徒がどのような反応をしたのかなど，授業の概要を紹介します。

3 授業後の考察―「よい授業」の視点から―

「よい授業」の2つのポイント【生徒が主体的に取り組み，考え続けたか】と【目標が達成されたか】のそれぞれについて，実際の授業ではどうだったのか，授業後の考察をまとめます。

授業例 ① 第1学年　　正の数，負の数

いくつかの数の乗法

　生徒はこの単元で，加法でも交換法則や結合法則が成り立つことを学習し，2つの数の組み合わせを工夫して計算することのよさを学んでいる。この授業は，乗法でも工夫して計算することができることを考える1時間である。なお，本時は「2つの数の乗法（特に積の符号の決め方）」を学習した次の時間に行った授業である。

1　授業前の検討―「よい授業」を行うための要件について―

要件①　本時の目標

・乗法の交換法則や結合法則を用いて，いくつかの数の乗法の能率的な計算方法を考えることができる。

　小学校での既習内容でもある乗法の交換法則や結合法則が，数を負の数まで拡張しても成り立つことを確認し，いろいろな工夫を行って計算できる生徒の姿をめざす。しかし，「計算することができる」ということでは，技能中心の目標になってしまい，単なる計算練習になりかねない。
　そこで本時では，前時までに加法の交換法則や結合法則を用いていくつかの数の和を計算する学習をしていることを踏まえ，数学的な見方や考え方中心の目標とすることが適切であると判断し，このように目標を設定した。

要件②　問題と問題提示

　本時の目標を踏まえると，「いくつかの数の積を工夫して計算しよう」という課題となる。そこで，この課題を設定するための問題としては，いくつかの方法で計算できる問題

【問題】次の式を工夫して計算しなさい。
$(+3) \times (+2.5) \times (-2) \times (-4)$

がよいと考え，前頁のような問題を提示することにした。

　計算の問題では，数値を少し変えるだけで生徒の多様な考えが出されることがある。交換法則や結合法則を用いていろいろな工夫が考えられるように，小数を含めるとともに，符号や数値の工夫を行った。

要件③　考えの取り上げ方

　生徒にいくつかの方法を考えさせる必要があるため，机間指導の中で「もっとよい方法はないか」「こんな方法もあるんだ」とつぶやき，問題解決に向けた意欲を喚起する。また，いくつかの計算方法の中から能率的な方法を考えさせることがねらいであるため，すべての考えを取り上げてしまうのではなく，既習内容の確認のための「左から順番に計算する方法」，生徒の多くが考えると予想できる「計算しやすい数の組み合わせを計算する方法」，符号を意識させるための「符号を先に決めて絶対値の積を計算する方法」の順に考えを取り上げ，3つの計算方法の比較を通してどの方法がよいかを考えさせることにする。

２　授業の実際

(1) 問題を把握し，予想する

　式を板書し，口頭で「工夫して計算しよう」と発問した。「何通りくらいの工夫ができそうか？」と予想させると，「2通り」，「3通り」，「たくさんできる」などという生徒がいた。その後，問題文を板書し，ノートに書かせた。

(2) 個人で考える

　個人思考の時間をとり，机間指導をしながら「そんな方法もあるんだ」「他に方法はないか」「3通りもできるんだ」とつぶやき，いろいろな方法で計算するように意欲を喚起した。全体を一度止めて，左から順番に計算する（その1）の方法を取り上げ，計算方法を発表させた。

（その1）
$(+3) \times (+2.5) \times (-2) \times (-4)$
$= (+7.5) \times (-2) \times (-4)$
$= (-15) \times (-4) = +60$

　答えが+60になることを確認し，「他

に方法はないか」と問い返し，工夫を促した。

(3) 全体で課題を解決する

机間指導で確認しておいた生徒を意図的に指名し，他の考えも取り上げた。

（その2）と（その3）については，両方同時に取り上げ，同じ考えで計算をした生徒を指名して，なぜこの方法で計算をしたのかを説明させた。この考えを説明させる中で，「2つの数の組み合わせを変えてもよいのか？」と発問し，板書した式と教科書を用いて，乗法では負の数でも交換法則や結合法則が成り立つことを確認した。右上は生徒のノートであるが，自分の考

> （その2）　$(+3) \times (+2.5) \times (-2) \times (-4)$
> 　　　　　$= \{(+3) \times (+2.5)\} \times \{(-2) \times (-4)\}$
> 　　　　　$= (+7.5) \times (+8) = +60$
>
> （その3）　$(+3) \times (+2.5) \times (-2) \times (-4)$
> 　　　　　$= (+3) \times (-2) \times (+2.5) \times (-4)$
> 　　　　　$= (-6) \times (-10) = +60$

えを書いているときには，交換法則や結合法則を意識して計算過程を書く生徒は少なかった。そのため，板書では計算の過程がわかるように工夫した。

最後に，（その4）として「符号を先に決めて絶対値の積を計算する方法」を取り上げた。生徒に工夫したことを説明させ，説明したときに出てきたキーワード（「先に符号を決める」「絶対値の積を求める」）を板書した。

(4) 学習の理解を深める

4つの考え方を取り上げたあと，「いくつかの乗法ではどのような計算をしたらよいか」と発問した。「計算しやすい数の組み合わせを工夫する」ことや，「符号をはじめに決めて計算する」という生徒の考えを取り上げて板書し，教科書の例題を用いて数によって計算方法を工夫することを確認した。

(5) 考え方のよさを確認する

最後に，練習問題として次の1題を考えさせた。

【練習】次の式を工夫して計算しなさい。
$(-3) \times (-0.5) \times (-6) \times (-2)$

　答えを確認したあと，いくつかの計算方法を取り上げ，「なぜそのように計算したのか」，「使った法則は何か」を確認した。生徒からは，「$(-0.5) \times (-6)$ を先に計算して+3をつくる」，「$(-0.5) \times (-2)$ を先に計算して+1をつくる」，「符号を決めてから絶対値の計算をする」という考えが出され，符号や数に着目し，交換法則や結合法則を使って工夫するよさを確認した。

③ 授業後の考察—「よい授業」の視点から—

生徒が主体的に取り組み，考え続けたか

　問題の数値を工夫したことで，小数よりも整数の方が効率よく計算ができることを自ら見いだし，他の生徒の考え方を聞いて，よりよい計算方法に気づくことができた。課題を解決していく過程では，もっとよい方法はないかを考えたり，自分で考えた計算方法のよさを説明したりしようとするなど，主体的に考え続ける授業となった。

目標が達成されたか

　考えの取り上げ方を工夫し，3つの計算方法を比較することを通して，「計算しやすい数の組み合わせを考える」ことや，「符号を先に決めてから計算する」ことが能率的な計算方法であることに気づかせることができた。また，課題を解決する過程で，（その2）や（その3）の考えをもとに，新たな内容である負の数についても乗法の交換法則や結合法則が成り立つことを確認することができた。練習問題でも，「符号を先に決めて，小数を整数にして計算する」方法で計算する生徒が多くいた。生徒の説明や感想，練習問題への取り組みから，本時の目標が達成された授業であった。

(若松)

授業例 ② 第1学年　　　文字と式

数量を文字で表す意味

　文字式には，操作の方法と操作の結果を表す二面性がある。しかし，文字式を操作の方法としかみることができず，操作の結果とみることができないという文字式の困難性がある。その困難性の克服に向けて，この授業では数量の式を「あえて計算しない」ことを強調しながら文字式を導入することで，文字式の二面性の理解を促す授業を行った。

1　授業前の検討―「よい授業」を行うための要件について―

要件①　本時の目標

・数量を文字で表すことの必要性と意味を理解する。

　本時は文字式の第1時であり，また中学校に進学してはじめて文字式を学習する場面でもある。文字で表すことの必要性や意味を理解させるためには，文字式のもつ一般性を理解させるような課題設定が重要である。そして関連する既習事項を生かしながら文字式の学習を進めることで，文字式のもつ一般性について理解できるようにしたい。そのために，まず具体的な数量を求めることを通して，数量の関係ならびに法則を言葉の式で表し，それをもとにして文字を導入する。

要件②　問題と問題提示

　この授業では，次頁にあるように画用紙をとめるマグネットはいくつ必要であるかを求める問題を用いることにした。導入課題ではとめる画用紙を50枚とし決定問題とすることで，生徒にとって理解しやすく，取り組みやすい課題にした。また，「マグネットはいくつ必要だろう？」と予想させると，多くの生徒が100個前後だと答えることが想定される。それを踏まえて，「な

るべく多くの考え方でマグネットがいくつ必要か求めよう」と課題を提示し，多くの考え方をもとに多くの式を出させた上で文字を導入することで，文字で表すことのよさを感得させたいと考えた。

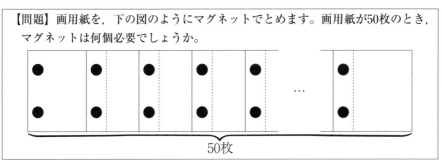

要件③　考えの取り上げ方

　まず問題提示の際に，なるべく多くの考えをノートに書くことを強調した。導入問題では50枚としていた画用紙の枚数を，「画用紙が100枚だとしたらマグネットの個数はどうなる？」と数を変えながら発問することで，言葉の式で表すとどんな数のときでも求められることを理解させることを意図した。そして，生徒の考えの近くに言葉の式を書くことを通して文字式を導入した。

2　授業の実際

(1) 問題を把握し，予想する

　まず，マグネットを使って画用紙を3枚黒板に貼り付け，マグネットを何個使ったかを学級全体で確認した。そして，「では，画用紙が50枚あったらマグネットはいくつ必要だろう？」と発問し，問題を板書した。「だいたい何個ぐらい必要かな？」と問いかけ予想させると，「100個ぐらいかな」「200個はいかないと思う」などの反応があった。そして，「数量を文字で表す」ことを本時の目標として示し，求め方を多く出すように促した上で，本時の問題や図をノートに書くよう指示した。

(2) 個人で考える

　問題を学級全体で共有した上で，各自問題解決に取り組んだ。そこでは生

徒から，右のような考えが出された。自力解決
が困難な生徒には，2枚，3枚…といったように，
少ない枚数の場合から考えるよう促すことで，解
決の糸口をつかませた。

- $2×50+2=102$
- $2×49+4=102$
- $51×2=102$
- $4×50-2×49=102$

(3) **生徒の考えた式を取り上げ，それぞれの式について吟味する**

　生徒の考えた式を列挙したところで，マグネットの個数が102個であることを押さえた。そして生徒に，どのように考え，式に表したのかを学級全体へ説明をさせた。さらに，教師が生徒の式を取り上げ，「この式はどのように考えた式だと思う？」と発問し，式を読む活動を取り入れた。このように数量を式に表したり式を読んだりすることで，式や数量に対する理解を促した。

(4) **画用紙の枚数を変えながら，言葉の式を経て文字式を導入する**

　画用紙が50枚のときの解決が終わったところで，「50枚のときのマグネットの個数はわかったけど，100枚，500枚と枚数が変わってもマグネットの個数を求めることはできる？」と発問した。そこで，100枚や500枚の場合についてマグネットの個数を表す式を求めさせた。この際，例えば「$2×100+2$（個）」や「$2×500+2$（個）」のように，値を計算せずに式のままでも，それを1つの数量とみなした表現を容認する。このような式と最初の式を比べ，類似点と相違点を問うた。そして，並べて書くことで「$2×$」や「$+2$」の部分は変わっていないが，50だったところを100や500に変えていることに気づかせた。その上で，最初に自分が考えた式を言葉の式に直すよう指示した。例えば，「$2×50+2$」なら「$2×$（枚数）$+2$」，「$2×49+4$」なら「$2×$（枚数-1）$+4$」となることを全体で確認した。そして，（枚数）としていた部分をaとし，$2×a+2$や$2×(a-1)+4$といった式を提示した。このような，文字を用いた式を今後学習することを伝えるとともに，$2×100+2$（個）や$2×500+2$（個）などと同様に文字を用いた式もまた1つの数量を指すことを全体で確認した。

(5) **本時の学習をまとめる**

　最後に本時で学習したことをまとめるよう指示した。そこでは，「文字の

式に表せば，画用紙の枚数が何枚になっても求めることができる」といったようなまとめが生徒から出てきた。また，「$2 \times a + 2$」や「$2 \times (a-1) + 4$」などの式を指して，「これらは考え方や式の見た目が違うけど，どれも同じ数量と言ってもいいのだろうか？」と発問することで，生徒に疑問をもたせるとともに，次時以降の学習に対する見通しをもたせ，また関心を喚起させた。

3 授業後の考察―「よい授業」の視点からの考察―

生徒が主体的に取り組み，考え続けたか

本時で取り扱った「50枚の画用紙をとめるときのマグネットの個数」という問題は，解決にあたって多様な考え方が出るような決定問題であった。そのため，多くの生徒が1つの解決方法だけでなく，次々と解決方法を見いだしていく様子が見られた。また比較検討の場面では，数量を式に表すだけでなく，式を読む活動を取り入れた。そうすることで，課題解決が終わったあとも生徒は考え続けることができた。

目標が達成されたか

文字式の理解を深めるためには，文字式のもつ二面性を意識させることが重要であると考える。二面性を意識させるために，「100枚，500枚と枚数が変わってもマグネットの個数を求めることはできる？」と発問した際に「あえて計算しない」ことを強調した。「$2 \times 100 + 2$（個）」や「$2 \times 500 + 2$（個）」といった表記も1つの数量と認めることで，生徒に言葉の式を構成させやすくするとともに，操作の結果としての文字式を意識させた。このような活動を通して生徒は，「$2 \times a + 2$（個）」という表記も1つの数量であると認めることができた。また，自分が考えた式で100枚や500枚のときのマグネットの個数を求めたあと，文字式に直すことで，画用紙が何枚のときでも求められるという一般性を理解させることができた。「どんなときでも」ということを強調したことによって本時の目標は達成されたと考える。また，二面性があることを強調することで，方程式の立式を学ぶ場面では，生徒は2つの等しい数量を等号で結ぶという認識をすることができた。

(森田)

授業例 ③ 第1学年　　　文字と式

文字式の意味

　この授業では，具体的な場面から多様な文字式をつくり，それらがどのように考えてつくられたかを式の形を根拠にして読み取る活動を行う。式を読み取り，他者が考えた過程を追体験できるおもしろさを感じさせながら文字式の理解を深めたい。前時までに文字式に関わる基本的な知識や技能を身に付けており，本時は再び文字式と具体的な数量の間を往き来させ，具体から抽象への概念を強化していく。

1　授業前の検討—「よい授業」を行うための要件について—

要件①　本時の目標

- 数量を文字式を用いて表現したり友達がつくった式を考察したりする活動を通して，式の意味を読み取ることができるようになる。

　式の意味を読み取るためには，文字式が数量の関係や規則を表していることに気づく必要がある。具体的な数量から文字式をつくる段階を踏まえつつすでに抽象化されている他者の式を目にすることで，数量と文字式を関連づけることをねらう。文字式を図や言葉の式に置き換え，様々な表現方法を使って伝え合うことによって，生徒は文字式をより深く理解していく。

要件②　問題と問題提示

　この授業では文字式を用いた碁石の問題を取り上げる。この問題を選んだ理由として，①多様な考え方ができること，②表現がしやすいこと，③具体的にも抽象的にも考えられることが挙げられる。数学が比較的得意な生徒に

【問題】正方形の一辺に n 個の碁石を並べるとき，碁石は全部で何個必要でしょうか。

とっては，多様な考えを楽しむことができると同時に文字式をつくる過程で数学的な表現力や思考力を培うことができる。また，苦手な生徒にとっては具体的に考えるというステップを踏むことで文字を用いた抽象化へとつなげることが可能である。どの生徒にも適度な困難性をもった課題であり，自分自身の課題として捉え，関心をもった活動や追究が行えると考えた。

要件③　考えの取り上げ方

　まず問題の図を黒板に貼り，注視させる。図を眺める時間を与えることで，課題を把握し自分の思考過程を整理したり解決に向けてのアプローチを思案したりすることができ，考えを表現する準備になると考えたためである。その後プリントを個々に配布し，正方形に並べられた碁石の個数を自分なりの考え方で文字式に表現させる。次に個々に考えた文字式を全体に伝えることで共有し，多様な文字式に表されたことを周知する。すると，自分とは異なる形で表現された文字式について，どのように考えたのかを知りたいと思い，図や言葉の式などを用いて意欲的に文字式を読み取ろうとすると考えた。全体で説明する場面では，式をつくった生徒ではなく，他の生徒が説明を行うことを伝え，個人で考える時間と小グループで伝え合う時間を確保し，疑問の解決や理解を深めることをめざしたい。

2　授業の実際

(1)　問題を把握し，自分の考えをもつ

　課題を提示する際，まず教師が問題を読み，頭の中で図をイメージさせた。その後，イメージと照合させるように言いながら黒板に碁石を模した磁石を貼った。すると生徒はそれを真剣に見つめ，思い思いに指差して丸で囲む動きや磁石を動かす仕草をした。そこで黒板の図を眺める時間をとった。図を眺めたあとにプリントを配布したところ，多くの生徒が堰を切ったように書き込み始めた。この段階で生徒の考えは不完全なものであったが，図に書き込みをする中で自分の思考過程を整理している様子であった。

(2) 課題をつかむ

　文字式として表現できた生徒が数名出てきたため発表させたところ，次の4つの式が出された。①$4n-4$　②$4(n-1)$　③$2n+2(n-2)$　④$n^2-(n-2)^2$

　板書された式を見て，「それはわかる！」「一緒一緒！」「どうやって考えたの？」「$4n$ はこの部分かな？」など，各自が式を読み取って考察している様子が見られた。すぐに文字式をプリントに写し取り書き込みを始める生徒や，じっくりと図に向かいつぶやいたり，空書したりする生徒もいた。

(3) 課題を理解し，考える（小グループ）

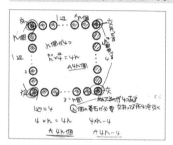

　「友達はどのように考えてこの式をつくったのかな。〇〇さんの頭の中を解明してみよう！」という発問に対して，即座に活発な意見交換がなされた。数名が頭を近づけながら1枚のプリントを囲み，碁石を線で囲んでまとまりをつくったり，色をつけたり，言葉の式をつくったりと，様々な表現方法を用いて話し合いを行った。その中で自然に考えが修正され，表現された図や式についての吟味がなされた。

(4) 共有する（一斉→小グループ）

　話し合いの中で①②についてはすぐに解決し納得していた。「はじめは $4n$ だと思った」という発言を取り上げ，生徒に簡単に説明させて2つの式を押さえた。しばらくして新たな式を発見した生徒がいたため，全体に伝えた。⑤$2(n-2)\times4+4$　⑥$2n-2(n-2)$　新たな式の登場が契機となり，話し合いがさらに活発になったので，再び小グループで追求する時間とした。

(5) 学習を深める

　すべての課題について，式を発表した生徒とは別の生徒が説明を行った。多くの生徒から「わかった！」という声が挙がったが，納得できずに周りの友達に確認する生徒も見られた。「結局みんな $4n-4$ だよね」という

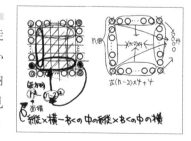

発言から，すべての式が同じになることを確認した。④の式も数人の生徒が説明に挑戦し，「難しそうな式だけど，図や言葉にしたらわかった」という発言が聞かれた。それぞれの文字式には意味があること，また，図や言葉に置き換えると読み取りやすいことを確認した。

3　授業後の考察―「よい授業」の視点から―

生徒が主体的に取り組み，考え続けたか

　はじめにプリントを手元に与えずに全体で問題を注視させたことで，問題を把握すると同時に表現する手段が手元にない飢えの状態であったと考えられる。そこでプリントを配布したことで，生徒は勢いよく表現を始めた。「式を読み取る＝友達の頭の中を解明」と言い換えたことも，生徒の主体性を高めることにつながったようであった。自分でも立式し，すでに1つ以上の考え方を理解した上で話し合いに参加したため，「他の方法についても解決したい」という思いが，求めて学ぶことの原動力となった。難易度の異なる文字式が数種類出されたことで，自分で解決することができた喜びや，難しそうに思えたものを仲間と話し合う中で解決していく達成感を味わい，それを全身で表現する姿も見られた。このような表れから，適度な難易度の課題設定は，自ら考えようとする意欲を高めるために有効であると考えられる。授業終了時刻には，「もう終わり？」という声が聞かれるほど課題に引き込まれていて，授業後もどうにかして理解しようと説明を求める姿が多数見られた。

目標が達成されたか

　具体的な場面を文字式に表す過程，文字式から他の表現へと置き換える過程を経て，文字式が意味をもつことに気づかせることができた。また，図や言葉の式などの表現を用いて説明したり仲間の考えを聞いたりする中で，考えの練り合いがなされ，自分の考えを整理し，さらに他の考え方に触れることで考え方や表現が洗練されていった。表現と思考，具体と抽象が往き来する中で文字式を読み取ることができ，本時の目標が達成されたものと考える。

（吉村）

授業例 **4** 第1学年　　　　　　　　　文字と式

文字と式の利用

　この授業は,「文字と式」の単元の終盤に位置づけ,これまで身に付けた文字についての知識や技能を用いて,問題解決する場面として扱う。生徒が日ごろから見慣れているカレンダーの数の並びに注目し,その中に潜む関係性を見いだし,文字を用いて説明することをねらいとする。

　中1での文字の指導は,文字式の表現方法や計算技能の習得に比重が置かれがちである。文字を用いた説明は,ふつう中2において本格的に扱うが,中1の段階においても,文字を用いて問題を解決する場面を設定し,文字を用いることのよさを味わうことは重要であると考える。

1　授業前の検討—「よい授業」を行うための要件について—

要件①　本時の目標

・数の性質を見いだし,それについて文字を用いて説明できる。

　本時は,カレンダーの中に潜む数の性質ついて,文字を用いて説明することがねらいである。導入では,生徒自らが数の性質を見いだすことにより,証明すべき命題を自分自身の課題として捉えさせ,証明する必要感をもたせたい。また,自ら発見した命題が常に正しいかどうかについては,文字に対する抵抗感を和らげながら段階的な指導の工夫が必要である。

要件②　問題と問題提示

【問題】カレンダーの9日間分を右の図のように囲む。このとき,その中の9つの数には,どのような性質がかくされているだろうか。

【9月のカレンダー】

日	月	火	水	木	金	土
			1	2	3	4
5	6	7	8	9	10	11
12	13	14	15	16	17	18
19	20	21	22	23	24	25
26	27	28	29	30		

本時の導入では，カレンダーの9日間分を囲み，その中でいえる性質に限定して問題提示を行った。3日間分を横に囲むことも考えられるが，9つの数の方が縦と横及び斜めの数の関係を捉えることができ，より多くの性質を見いだす手立てとなると考えた。

要件③　考えの取り上げ方

　この授業は，複数の性質が見いだされるため，どの性質を全体で扱うかが授業を展開する上でのポイントとなる。そこで，本時では，多くの生徒が見いだした「9つの数の和は，中央の数の9倍になる」を取り上げ，それが確かにいえる理由について考察させた。その際，文字を用いることについてはあえて触れず，授業展開の中で，文字を用いての説明を取り上げることで，その考え方のよさについて全体で共有する場を設定した。また，文字を用いた説明はその抵抗感を和らげるために，「①文字による表現→②文字式の計算→③文字式を読むこと」の3つの段階による丁寧な指導を心がけた。

2　授業の実際

(1) 性質を発見し，その中から課題をつかむ

　9月のカレンダーの実物を見せ，9つの数を囲みながら「この9つの数の関係には秘密が隠されているんだ」と問いかけた。すぐに，「右に1ずつ増えている」，「上下の数は7つ違う」など数の並びにおける性質が見いだされた。そこで，「数をたしたりしたらどうだろう？」と投げかけた。しばらくすると，「9つの数をたしたら，真ん中の9倍になってるんじゃない？」という声が挙がった。「本当？　でもそれってたまたまじゃない？」と切り返しの発問をしたあとに，学習課題を以下のように設定し，追究することにした。

【課題】9つの数をたすと，真ん中の数の9倍になるのはなぜだろうか。

(2) 個人及び小集団で考える

　個人での追究では，違う9つの数を囲み，性質がいえるかどうかを試すことで，真ん中の9倍になっていることを確かめる生徒が多かった。しばらく

すると，カレンダーの上下左右の数の関係に着目し，平均されていることを直感的に見いだす生徒が出てきた。

次に，互いの考えを伝え合う場として，小集団での追究を行った。追究する中で，いくつかのグループで，文字を用いた説明ができないかを考える姿も見られた。

小集団での追究の様子

(3) **全体で課題を解決する**

全体では，まず文字を用いない考え方を取り上げた。右に1ずつ増えており，下に7ずつ増えていることから，平均化させるとすべて15になり，真ん中の数の9倍となることが説明できた。続いて，真ん中の数を0とおく説明がなされ，平均する考え方をより際立たせる機会となった。

平均化させる		
15	15	15
15	15	15
15	15	15

次に，これまでの考え方を利用して，真ん中の数をnとおくことにより，$(n-8)+(n-7)+(n-6)+(n-1)+n+(n+1)+(n+6)+(n+7)+(n+8)=9n$と計算でき，結果的に$9\times$(真ん中の数)で表されることにつなげることができた。

真ん中の数を0と表す		
-8	-7	-6
-1	0	1
6	7	8

真ん中の数をnと表す		
$n-8$	$n-7$	$n-6$
$n-1$	n	$n+1$
$n+6$	$n+7$	$n+8$

(4) **学習の理解を深める**

本時の終盤では，文字による説明の理解を深めるために，以下のように左上の数をnとおき，文字で説明させる時間をとった。

『9つの数の和は，中央の数の9倍である』
　↓ ①文字による表現
左上の数をnとすると，右のように9つの数を表すことができる。

n	$n+1$	$n+2$
$n+7$	$n+8$	$n+9$
$n+14$	$n+15$	$n+16$

$n+(n+1)+(n+2)+(n+7)+(n+8)+(n+9)+(n+14)+(n+15)+(n+16)$
$=9n+72=9(n+8)$
　　　　　　　　　　　　　　　　　↓ ②文字式の計算
　↓ ③文字式を読むこと
$9(n+8)$は，中央の数が$n+8$で表されるため，中央の数の9倍である。

これにより，文字のおく場所が違っても，「③文字式を読むこと」によって真ん中の数の9倍であると説明できることを理解した。

その他，右のように9個の数を様々な形で囲み，そこに潜む性質を見いだし，考察したことをレポートにまとめさせた。理解を深めるために有効である。

3 授業後の考察―「よい授業」の視点から―

生徒が主体的に取り組み，考え続けたか

この授業は，教師から与えられた問題を単に解くのではなく，生徒自らが見いだした数の性質を学習問題として授業が展開された。このことが，生徒の主体的な学びを生み出すきっかけになっている。

全体で説明している様子

また，9つの数の和が真ん中の数の9倍になることを説明する場面では，最初から文字を用いることを指示するのではなく，性質がいえる理由について自由度をもって考えさせたことにより，数の関係性を的確につかむことができた。そのことが，後の文字を用いる説明と結びつき，結果的に文字に対する抵抗感を和らげ，考え続ける姿につながったと考えられる。

目標が達成されたか

本授業を通して，数の性質を見いだし，それを文字を用いて説明する力を身に付けることができたと考えられる。特に，「①文字による表現」において，文字をおく位置を真ん中の数だけでなく左上の数についても同様に考える場を設定したことは，文字を用いた説明の理解の深まりを生む有効な手立てとなった。

また，文字を用いて説明する過程を通して，文字を用いることで形式的に計算できることや見いだされた性質の一般性を簡潔に説明できるよさを味わうことができたことも本授業の大きな価値と考える。

(坂本)

授業例 ⑤ 第1学年　　1次方程式
係数に分数がある方程式

　1次方程式の解き方は，以後の方程式の解き方の基本となるので，十分に習熟を図る必要がある。指導においては，既習内容に帰着させて考えようとする態度を養うことも大切にしたい。

　前時までに，「かっこを含む方程式」と「係数に小数がある方程式」の解き方を学習している。

1　授業前の検討―「よい授業」を行うための要件について―

要件①　本時の目標

・係数に分数を含む方程式の解き方を理解し，解くことができる。

　この授業では，「係数を整数にすることの解きやすさが際立つ授業」「既習の考え方を取り上げつつ，定着のための時間を十分に確保する授業」の2点に重点をおいて授業を行おうと考えた。複数の解法を発表し合うだけではなく，既習内容との比較を通して，新たな解法のよさを実感して解くことができることを目標にした。

要件②　問題と問題提示

【問題】
$$\frac{3}{2}x - 4 = \frac{1}{2}x + 7$$
$$\frac{3}{2}x - \frac{1}{2}x = 7 + 4$$
$$\frac{2}{2}x = 11$$
$$x = 11$$

分数を含む方程式を左のように解いた。
他の解き方はあるかな？

　教科書を比較してみると，「分母を3にすることで小数に直せないもの」「同

分母で項が3つしかないもの」などの方程式を考えさせている。

　本時では，移項したり小数に直したりする解き方も取り上げ，それらとの比較を通して，前時で学習したばかりの「係数を整数に直すよさ」を強調するため，このような問題を扱うことにした。提示においては，方程式をはじめに板書し，「今日は先生が先に解いてみます。1行ずつ何をしているか考えながら書き写してください」と生徒に計算過程を問いかけながら「これしか解く方法はありませんか。他の方法はないですか？」と発問しようと考えた。

要件③　考えの取り上げ方

　係数に分数がある方程式を与え，「いろいろな方法で解いてみよう」と問題を提示することも考えた。しかし，様々な解法を並列に扱うとなると，授業後半の定着の時間を削らざるを得ない。また，小数に直して考える解法を扱わないと，前時で学習した整数にすることのよさが関連づけられないと考えた。そのいずれも解決するため，問題の中に1つの解法を盛り込むこととした。それ以外にも配慮しようと考えていたことは，次の3点である。

- 問題提示後に，小数に直した解法を早い段階で全体に広げる。
- 係数に小数を含む方程式の解法との比較を通して，かっこの前の数が何を示しているのか，生徒の発言をつなぎ理解を深めさせる。
- 効果的な「例」を示すことで，どの解法がよいのか吟味させる。

2　授業の実際

(1)　問題を理解する

　板書した方程式をノートに書かせたあと，計算手順の確認を全体で行った。そのあとに問題文を示し，問題を確実に理解させた。

(2)　個人で考える

　生徒の思考（小数というキーワード）を取り上げ，全体に広げることで，「他の方法があり，その1つが小数である」ことの見通しを立てさせた。また，分母をはらった形で解いている生徒がどの程度いるかを把握し，誰にどの意見を述べさせるか計画を立てた。

> 今，〇〇さんからできたっていう声が聞こえたんだけど。（その後，生徒のもとに立ち寄り…）先生が与えたのは分数の問題だよね。〇〇さんのノートには分数じゃないものが出てきているのだけれど。（この呼びかけと間により，小数へと生徒の思考が一気に流れていった。）

(3) **集団で考える**

　少しの時間をおいたあと，上の〇〇さんに，「1行目だけ読んでください」と伝え，$1.5x-4=0.5x+7$と板書した。2行目以降の計算については別の生徒に板書させ，発問を重ねながら整数へと直す方法を確認した。

　その後，「別な解き方をした人もいます。紹介してもらえますか」と伝え，分母をはらって計算していた生徒を指名し，［解き方1］同様に1行目の式だけを板書した。突

解き方1	解き方2
【小数に直して計算する】	【両辺を2倍にして計算する】
$1.5x-4=0.5x+7$	$2\left(\dfrac{3}{2}x-4\right)=2\left(\dfrac{1}{2}x+7\right)$
$10(1.5x-4)=10(0.5x+7)$	$3x-8=x+14$
$15x-40=5x+70$	$3x-x=14+8$
$10x=110$	$2x=22$
$x=11$	$x=11$

然示された式に戸惑う表情を見せた生徒が多く，「何か言いたそうですね」「率直な気持ちを聞かせてくれますか？」と問いかけた。

　「2はどこからきたの？」など，一人ひとりの疑問に周囲が答えていけるように，理解している生徒を指名し，それらの考えをつなぎ合わせる形で疑問の解消に努めた。中には「$\dfrac{3}{4}$だったら4をかけるし…」など例を示しながら説明する生徒もいた。また，見やすいノートづくりの一助となるように，分配法則の手順や色の使い方をこれまでの指導と統一して板書した。

(4) **全体で課題を考え，解決する**

　「これらの解き方で，何か共通していることはありますか？」と聞くと，「解がどれも11」「移項している」「2つは係数を整数に直して計算している」という3つの返答があった。整数にすることの解きやすさを強調するため，小数に直せないものや通分せざるを得ない「例」を1つ紹介した上で，「どの解法が早く・簡単・正確ですか？」と問いかけた。「できれば通分はしたくない」「小数に直せないと困る」などの生徒の言葉を用いて，［解き方2］の

よさについて共通理解を図った。

(5) 練習問題に取り組む

　英語科のフラッシュカードにヒントを得て短冊形の色画用紙を6枚（6問）用意し，分母を消すための数について生徒に問いかけた。1巡目は用紙を見せた瞬間に公倍数のみ声を合わせて発表させ，板書に貼りつけていった。2巡目は記述の仕方を理解させるため，色画用紙にかっこと分母の最小公倍数を書き込んでいった。その後，計6問をそれぞれのノートに解かせる時間をとり，計算が苦手な生徒を中心に個別指導を行った。

6題提示したうちの1つ

③　授業後の考察 ―「よい授業」の視点から―

生徒が主体的に取り組み，考え続けたか

　既習内容との関連は重要であり，問題への入りやすさを左右するといってもよい。教師にとって「よい問題」と感じても，そのハードルが生徒にとって高く感じられるならば，問題の理解にエネルギーが使われ，それ以降の数学的活動を充実させることは難しい。結果よりも方法や考え方の多様性を大切にする本時においては，小数との比較に的を絞って指導でき，課題を明確にすることができた。最後まで生徒は，「これならわかるぞ」という思いを抱き，解ける喜びを実感しながら学び続けることができていた。

目標が達成されたか

　両辺に何をかけるか，どのようにしてかけるかについては前時で学習しているものの，その経験は浅い。それを補うためには，数問の練習では十分とはいえない。疑問や感じたことをその場で相互に発言し合い，意見を出し合いながら1つの結論を見いだせたことで解き方を理解させることができた。また，より多くの問題に触れさせるため，短冊形の色画用紙を用いて解き方の入り口を示してあげたことで，解くことができるという目標を達成するに至った。

(鈴木)

授業例 6　第1学年　　　1次方程式

1次方程式の利用

　この授業では，本単元でこれまで学習してきた方程式を利用して，問題で述べられている数量関係から方程式を適切につくるとともに，方程式の意味や解き方がわかり，数量の課題に方程式を利用することができるようにしたい。前時までに生徒は，問題場面における数量を文字を使って方程式の形にして解く技能を身に付けている。本時はさらに複雑な，いわゆる過不足の問題について，これまでの学習を活用して問題を解決することを目的とした。

1　授業前の検討―「よい授業」を行うための要件について―

要件①　本時の目標

・問題が述べる数量関係を方程式で表し，解決することができる。

　方程式の文章問題では，問題場面が何を表しているのか，それを文字や数を使ってどう表すのかという点において困難を覚える生徒が多い。また，何と何が等しいのかを見いだすことが難しく，方程式を立てることができない生徒も多い。そこで，本時の目標を上のように設定し，次のような工夫を取り入れることにした。

・未知のものの確認をし，既知の情報を整理する場を設ける
・何についての方程式を立てればよいかを確認する場を設ける

要件②　問題と問題提示

【問題】山登りに出かけるので，参加者にあめを配ることにしました。
　1人に4個ずつ配ると20個余り，5個ずつ配ると4個足りなくなります。このとき，参加者の人数を求めなさい。

この授業では，具体的な数値を問うタイプの決定問題を提示した。また，山登りの経験やそのときの場面の様子を絵で示しながら問題場面の理解を深めることにした。

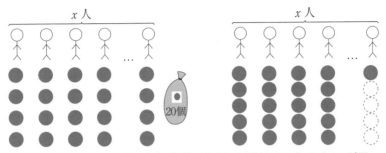

「4個ずつ配ると20個余る」「5個ずつ配ると4個足りない」のイメージ図

　数学に苦手意識をもつ生徒は，この問題が何を言っているのかわからない。そこでまず問題場面をより理解させるために，上のような図を描いてイメージさせた。また，①求めたいもの（xとおくべきもの）はどれだろうか，②わかっている情報は何だろうか，と問題解決を進める条件を整理して考えさせた。

要件③　考えの取り上げ方

　問題場面から方程式を立てるまでの過程として，まずは「1人に4個ずつ配る」とは何を何人に配るのかを考えさせた。x人にあめを配ることを確認したあと，あめを4個ずつx人に配るとどうなるのかを考え，配ったあめの個数が$4x$と表されることの共通理解をはかった。ここまで考えた上で「1人に4個ずつ配ると20個余る」とはどう表されるのか，$4x+20$となるがこれは何を表しているのかを考えさせた。$4x+20$があめ全体の個数であることを確認することで，あめ全体の個数についての方程式を立てることにつなげていくようにした。

2　授業の実際
(1) 問題を把握する

　まずは前時の学習内容の確認から入り，求めたいものをxとおくこと，何

についての方程式を立てるのかを考えることが大切であると確認したあと，本時の問題文が書かれたプリントを配布した。問題文を黒板に貼りつけ，問題場面の確認をした。具体的には，「4個ずつ配ると20個余る」，「5個ずつ配ると4個足りない」という場面について，あめがどのように配られているのかをイメージさせるために，絵を描きながら確認した。そして，「1人に4個ずつ配ると20個余る」という部分について，「1人に4個ずつ配る」の部分をさらに抜き出し，配ったあめの数が$4x$と表されることを生徒とのやり取りから確認した。それから「1人に4個ずつ配ると20個余る」が$4x+20$と表され，これがもともとあったあめ全部の個数であることを確認した。

(2) **個人で考える**

「1人に4個ずつ配ると20個余る」が$4x+20$と表されることから，「5個ずつ配ると4個足りない」はどう表されるのか，また何と何が等しいのか，等号を使ってどのように方程式の形で表すことができるのかを考えさせた。$4x+20=5x-4$という方程式まで立てられた生徒には，答えがいくつになるのかを計算して求めさせた。机間指導の際には，「5個ずつ配ると4個足りない」を表せない生徒に対して，イメージ図を見させながら考えさせた。

(3) **全体で問題を解決する**

まず「5個ずつ配ると4個足りない」はどう表されるのかを確認した。$5x-4$と表されることを生徒に発表させたあと，「この$5x-4$は何を表しているのか」と発問し，$4x+20$と同じくあめ全体の個数であることを押さえた。

その後，方程式が$4x+20=5x-4$になることを確認したあと，「これは何についての方程式を立てているのか」と発問し，あめ全体の個数について方程式を立てていることを確認した。

(4) **前時と本時の学習過程を比較して，本時の課題を明らかにする**

余る，足りない，といった数量関係の問題を方程式で表し，解決するという本時の課題に迫るため，「前回の問題と比べて，どこが難しかった？」と発問した。余る，足りないという場面をどう表すかに焦点化し，図や絵などを活用しながら問題場面を正しくイメージすることが大切であることを確認

した。また，あめ全体の個数を2通りで表し，あめ全体の個数についての方程式を立てていることを全体で確認した。

(5) 学習の理解を深める

方程式を解いて参加者の人数が24人であったことを確認したあと，あめの個数がいくつだったのかについても考えさせた。生徒からは「$4x+20$ と $5x-4$ のどちらに代入しても116個になる！」と感嘆の声も挙がっていた。

その後，本時の学習の確認として，右の問題を考えさせた。

【確認問題】同じケーキを何個か買うことにしました。
　5個買うには，持っていた金額では150円足りませんでした。そこで，4個買うことにしたら80円余りました。ケーキ1個の値段と持っていた金額を求めなさい。

③ 授業後の考察─「よい授業」の視点から─

生徒が主体的に取り組み，考え続けたか

問題場面をイメージして書いた図を考える足場とし，「4個ずつ配ると20個余る」や「5個ずつ配ると4個足りない」は文字を使ってどう表せるのだろうと意欲的に考えようとしている生徒が多かった。また，表した2つの数を等号でつなぐ場面でも，なんでこの方程式になるのか，理由を追究する姿勢が目立った。

目標が達成されたか

本時の目標を達成するには問題場面の理解を助ける段階的な発問と指導が不可欠である。本時では以下の工夫をしたことで目標が達成できたと考える。
○問題場面をイメージするべく，図や絵を活用したこと
○問題場面を「4個ずつ配る」まで段階的に問題文を読み解き，$4x+20$ や $5x-4$ と表せるようにしたこと
○$4x+20$ や $5x-4$ がそれぞれ何を表しているのか（あめ全体の個数）を確認することで，両者を等号で結び方程式を立てられることを確認したこと

(師岡)

| 授業例 ７ 　第１学年 | 比例，反比例 |

反比例のグラフ

　この授業では，問題の解決を通して式とグラフと表の関連を意識しながら誤答の理由を考え合う活動を重視する。また，反比例のグラフとその特徴について理解を深め，関数の領域の学習への興味や関心を高めることができる。前時までは，表や式を用いて，反比例の特徴について学習している。また，次時には反比例のグラフをかいたり，特徴をまとめる学習を行う。

１　授業前の検討―「よい授業」を行うための要件について―

要件①　本時の目標

・反比例のグラフの特徴とかき方を理解する。

　この授業では，反比例のグラフの特徴とかき方を理解したり，滑らかな曲線になることの理由を明らかにすることが大切と考える。そこで，本時の目標を上のように設定し，次の工夫を取り入れた。

・誤答を扱う問題を提示することで，正しいグラフを考える場面を設定した。
・はじめに式と表を与えることで，グラフとの関連を意識できるようにした。

要件②　問題と問題提示

　この授業では，正誤を問う選択タイプの決定問題を提示し，答えを直観的に予想させながら解決への必要性を高めたいと考えた。また，比例定数は８と６で迷ったが，整数値で座標を４点とることがで

【問題】太郎君は反比例のグラフを次のようにかいた。正しいだろうか？

〈式〉$y = \dfrac{8}{x}$

y	1	2	4	8
x	8	4	2	1

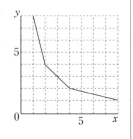

きることと誤答のグラフが（3，3）を通ることから，前頁の問題を提示することにした。

要件③　考えの取り上げ方

　机間指導の中で全体の状況を把握し，間違いの理由を確認する。途中で誤答の理由の例を1つ取り上げて紹介し，考えるきっかけを与えるようにする。「反比例のグラフが曲線になる理由はなぜ？」と問いかけても，その理由を明確に説明することは意外に難しい。そこで，「比例のグラフは直線になるのに……」と比例のグラフとの違いに目を向けさせる発問を付け加えることで，具体的な式を通して説明ができるようにしたいと考えた。

2　授業の実際

(1)　問題を把握し，予想する

　最初に，生徒とやりとりをしながら式に値を代入し，表を完成させた。それをもとに点をとり，線分で結びながらグラフをかき，「正しいだろうか？」と発問した。その後，問題をプリントして配布した。直観的に予想させると，正しくないと答える生徒がほとんどであった。そこで，「なぜ正しくないのだろうか？」と問いかけ，個人で考える時間を与え，ノートに正しい理由や間違いの理由を書かせた。

(2)　個人で考える・課題をつかむ

　机間指導を少し行ったあと，全体を一度止めて正しい理由から発表させた。すると，反対意見を言いたい生徒が多数いたので，1つの考えだけを取り上げた。「他にもある」と答えたので，再度ノートに記入する時間を与えた。生徒からは右下のような理由が出された。

　先に②と③について取り上げ，正しくない理由として紹介した。

　④は「原点に点を打てるのかな？」という疑問

① 座標を直線で結んでいる。（なめらかな曲線になる）
② 負の数の表もできる。（他の部分にもグラフができる）
③ （3，3）を通っているが，式に $x=3$ を代入すると $y=3$ にはならない。
④ 原点を通っていないから違うのではないか。

が出てきたので、x に値の小さい数（+0.1や-0.1など）を代入させることにした。すると原点を通らないことや y 軸付近のグラフの様子を視覚的に理解することができた。①に

```
x = 0.1 のとき y = 80
x = 0.01 のとき y = 800
x = 0.001 のとき y = 8000
x = 0.000... のとき y = ムゲン
```

ついては最後に触れるようにして、「なぜ反比例のグラフは曲線になるのかな？」と問い返して、改めて考えさせることにした。反比例のグラフは曲線だと知ってはいるものの、説明ができない雰囲気があった。

(3) 集団で考える

比例と反比例を比較させるために、右の式を例示し、表をもとに x と y の変化の仕方がどう変わっていくのかを考えさせた。生徒からは「増え方」に着目した右の考え方が出され、比例のときとは異なり、増加量が一定にはなっていないことに気づくことができた。なお、変化の割合は第

```
なぜ比例は直線で、反比例は曲線か？
y = 8x              y = 8/x
x|1 2 3 4           x|1 2 3 4        曲線
y|8 16 24 32        y|8 4 2.6 2      になる
  xとyの              xとyの
  増え方は             増え方は
  一定!!              一定じゃない!!
```

・比例は x が1増えると y は8増える。
・比例は増え方が決まっている。
・反比例は x が1増えても y の増え方に決まりがない。

2学年での内容ではあるが、グラフをかくにあたって必要な考え方であることから、この段階で扱うことにした。

(4) 全体で課題を解決する

太郎君のグラフが間違っていることを全体で確認してから、新たにグラフ用紙を配付し、正しいグラフをかく時間を与えた。グラフをかくポイントとして、「x 軸と y 軸に近づくとどうなっていくかな」と問いかけ、滑らかな曲線になることを強調した。負の数にまでグラフを拡張させて2つのグラフをかかせ、全員が完成できた段階でこのグラフを双曲線ということを確認した。また、確認問題として $a = -6$ となる反比例の式を与え、表を作成しながら丁寧にグラフをかかせることにした。

(5) 学習の理解を深める

　教科書をもとに本時の学習内容を確認した。点をとることで曲線になることを実感できるので，時間をとりながら点をとる作業を行わせた。最後に，教科書の練習問題を行い，反比例のグラフのかき方と反比例のグラフの特徴について理解を促した。

```
○どこが正しくないのか?          自分の考え
 (3,3)を通っているけど           折れ線グラフじゃない
 y=8/x のx=3を代入!             直線では結べない
 y=8/3→(3,8/3)を通る
○直線では結べない              ○xの値が負の数のとき
  x=7.5, x=7.2 とか              x|-1|-2|-4|-8
  いっぱいとると                 y|-8|-4|-2|-1
  ⇒ 双曲線                    ○原点は通れない
```

3　授業後の考察—「よい授業」の視点から—

生徒が主体的に取り組み，考え続けたか

　教師から意図的に考える場面を与えたり，効果的な発問を投げかけることで，生徒の取り組みは大きく変わった。ノートも，自分なりの考えをもちながら正しいグラフを見つけ出そうと学習を進めていることがわかった。

　グラフが曲線になることを知ってはいたが，「なぜか？」を問われると，その理由を説明することはできず，本時の課題を考える必要性が一気に高まった。また，間違いの原因が複数あることから，積極的に「間違いを探したい」といった思いが強まり，課題解決に向けて考え続けることができた。

目標が達成されたか

　この授業では，誤答の理由を出し合う活動を通して課題解決に向けた数学的活動が充実し，本時の目標が十分に達成された。反比例のグラフのかき方を指導することは難しくはない。しかし，関数を学ぶ意味を理解したり，比例や1次関数との関わりに気づかせていくことが大切である。そこで，本時ではxとyの変化の仕方に着目し，グラフが曲線になる理由を追究させた。少し難しい内容になったことは反省点だが，このような授業を通して関数的な見方や考え方を高めていくことの必要性を感じた。

(谷地元)

授業例 ⑧ 第1学年　　　　　　　　比例，反比例

比例の利用

　ここで取り上げる授業は，個数を重さに置き換え，比例の考えを使って，大量にあるキャップの個数を求めようという授業である。単に個数を求めるだけではなく，実際の個数に近づけることを強調することで，のちに学習する「標本調査」や「資料の散らばりと代表値」とも関わりをもたせるとともに，比例定数を決める方法を中心に検討できると考えた。前時までに「比例」についての一連の学習は終えていて，その活用場面として位置づけた。

1　授業前の検討─「よい授業」を行うための要件について─

要件①　本時の目標

- 具体的な場面の問題を，比例の考えを利用して解決できる。
- キャップの個数と重さの関係を，工夫して求めることができる。

　大量にあるキャップの個数を求めようというとき，いくつかの重さを量り，それを全体の重さと比べるという方法は，比較的容易に生徒から出されるであろう。しかし，実際にその方法で求めようとすると，一つ一つのキャップの重さが異なることや，それぞれのキャップが何個入っているかわからないことから，何らかの工夫をせざるを得ない状況に陥る。本授業では，キャップの個数は重さにおよそ比例するとみて解決できることに気づかせるとともに，実際の個数に近づけるための工夫を考えさせる。後に学習することになる母集団と標本，代表値については，本授業を思い起こさせたい。

要件②　問題と問題提示

【問題】ペットボトルキャップの個数をできるだけ正確に求めよう。

ボランティアの一環としてキャップを回収している学校も多く，生徒にとっては身近な問題であり，興味をもって取り組むだろう。まず，大きな袋に入ったキャップを見せ，何のために集めているのか確認し，個数を予想させる。そして，本時の問題を提示する。その際，より実際の個数に近づけることを強調し，本時のねらいに迫りたい。

要件③　考えの取り上げ方

 最初に，個数を求める方法をクラス全体で確認する。その際，キャップの個数は重さに比例するとみなしてよいことを全体で確認する。そして，小グループでキャップの個数を求めさせ，発表させる。クラス全体で検討し，1個の重さが異なることが問題であることを確認し，もう一度グループで考えさせ，より実際の個数に近づける方法を工夫し個数を求めさせる。全体で共有の場をもち，問題点等を検討することで，いろいろな方法を知るとともに実際の個数に近づける工夫について考えさせたい。

2　授業の実際

(1) 予想し，問題を把握する

 本校では毎月キャップを回収しているので，まず，集めたキャップを見せ，回収の目的を確認した。そして，「何個くらいあるだろう」と尋ねると，1000個未満と1000個以上が約半数ずつであった。そのあとに，本時の問題を提示し，「実際の個数により近づける」ことを強調した。

(2) どのようにしたら個数を求められるのか見通しをもつ

 どのようにしたらキャップの個数を求められるか問いかけると，「全体の重さと1個だけの重さを量り，全体を1個の重さでわる」「1個ずつ数える」「10個ずつ数える」という考えが出された。数えるのは最後に行うこととし，今日は数えない方法で総数を求めていくことを告げた。その際，個数は重さにおよそ比例しているとみなしていいことを確認した。なお，この段階では，生徒はキャップ1個の重さが異なることには気づいていない。

(3) 小グループで相談し，キャップの個数を求める

　予め量っておいた全体の重さ「5447.3 g」を伝え，電子ばかり2つを自由に使わせて，個数を求めさせた。活動を始めてすぐに，「1個ずつ重さが違う」という困惑した声が聞こえてきた。実際に量ることで，1個の重さの違いに気づいたようである。しばらく時間をとり，考えを模造紙にまとめさせ，グループごとに発表させた。1個の重さの決め方に質問が集中したので，それを明記しながら，以下のように，求め方をまとめた。

(ア)　10個の重さの平均が2.37 g。$5447.3 : x = 2.37 : 1$　　　　　約2298個
(イ)　一番重いキャップと軽いキャップの平均2.6 gでわる。　　　約2095個
(ウ)　適当な1つの重さが2.4 g。$5447.3 \div 2.4 = 2269.7$　　　　約2270個
(エ)　5個の平均が2.44 g。$5447.3 \div 2.44 = 2232$　　　　　　　約2232個
(オ)　一番多かったキャップの重さが2.4 g。$5447.3 \div 2.4 =$ 約2300　約2300個
(カ)　13個の重さの平均が2.4 g。$5447.3 \div 2.4 =$ 約2270　　　 約2270個
(キ)　10個中9個の重さが2.3 g。$5447.3 \div 2.3 =$ 約2368　　　 約2368個
(ク)　5個中3個の重さが2.3 g。$5447.3 \div 2.3 =$ 約2368　　　　約2368個

(4) 問題点を確認する

　1個の重さの決め方を確認すると，「何個かの平均」「一番重い物と軽い物の平均」「一番多い物の重さ」と返ってきた。さらに，それぞれのキャップはどれくらいずつ入っているのか尋ねると，「わからない」と言う。そこで，より実際の個数に近づける方法について，グループで再度考えるよう促した。

(5) 小グループで，実際の個数に近づける方法を検討し，個数を求める

　グループの考えを，(3)で使った模造紙の下側にまとめさせ，発表させた。ここでは，1個の重さの求め方と総数だけを示す。

(ア)　10個ずつ10回量った100個の重さの平均が2.194 g。　　　　約2483個
(イ)　10個の重さの平均が一番多い重さだと思う。適当な10個の重さの平均
　　　（1回）が2.5 g。　　　　　　　　　　　　　　　　　　　約2179個
(ウ)　5個量ったのでこちらが正確！　適当な5個の平均2.4 g。　　約2267個
(エ)　適当な50個の平均を2回出し，その平均が2.318 g。　　　　約2350個

(オ)　4種類を5個ずつ量った平均が2.6g。　　　　　　　約2095個
(カ)　キャップ13個の平均が約2.4g。　　　　　　　　　　約2270個
(キ)　20個の平均が2.44g。数が多いと正確に求められる。　約2233個
(ク)　重さの違うキャップ10個の平均が2.37g。　　　　　　約2298個

(6) まとめる

　どの方法で求めれば実際の個数に近づけることができるか尋ねると，(エ)が最も多く，多くの数で調べた方が正確であることを確認した。また，「袋の中と同じものを取り出したいね。どうするの？」などと質問し，よく混ぜて取り出すことが重要であることもあわせて確認した。感想をまとめ，次時に数えると，キャップの総数は2332個であった。

③ 授業後の考察—「よい授業」の視点から—

生徒が主体的に取り組み，考え続けたか

　キャップ1個の重さが実際には異なることに驚き，どのようにしたらより実際の個数に近づけることができるかを，グループで考えを出し合いながら考え続ける姿が見られた。一度全体で発表し，いろいろな方法を知った上で再度考えさせたことや，より実際の個数に近づけることを強調したことが，最後まで主体的に考える姿につながったように思う。

目標が達成されたか

　キャップの重さと個数の間に比例関係があることには，生徒は容易に気づき，相談しながら1個の重さの求め方を工夫していた。「なるべく多くを調べることが大事」という感想が多く，検討を通して考えを深めることができた。一方で，標本の抽出については，「袋の中で混ぜると，キャップが均等になって，もっと正確な数になったと思う」という感想もあり，生徒だけの力で気づくことは難しいが，理解は十分にできることがわかった。

〈参考文献〉
西村圭一編著（2010）『中学校新数学科活用型学習の実践事例集』明治図書

（望月）

授業例 **9** 第1学年　　　　　　　　　　　空間図形

円錐の側面積

　生徒は前時までに柱体や錐体の展開図を学習し，また，半径と中心角がわかっている扇形の面積の求め方を学習している。生徒にとって円錐の側面の展開図が扇形になることは直感として捉えにくく，面積を求める場面で，この学習と本気で向き合うことになる。円錐とその展開図において，どの線分の長さがどの位置に表れるのか，全体で丁寧に理解して授業を進めることが，実感を伴った学びに結びつくであろう。

1　授業前の検討―「よい授業」を行うための要件について―
要件①　本時の目標

- 円錐の側面積を求めるとき，その展開図となる扇形の面積を，対応する線分の長さと中心角や弧の長さの比例関係に着目して求める。

　円錐の展開図は，小さな円が大きな扇形の弧の部分で接する状態で表される。この面積を求めるには，円錐の展開図と扇形の面積という2つの既習の知識を組み合わせる必要がある。学習したばかりの内容であり，定着の差が大きいことから，全体で条件を確認しながら問題の意味の理解を促して，解決への見通しをもたせるようにする。生徒は扇形の中心角を求めて面積を求める方法に向かいがちであるが，扇形の弧の長さにも着目させ，1つの円の中心角と弧の長さの比例関係をもとに考えることができることも扱っていく。図形についての内容を総合的に扱うことができる教材であり，複数の解き方から互いの考え方を読み解かせたり，式の共通の部分をまとめたりする展開を意識することによって，数学的な見方や考え方を育んでいきたい。なお，1つの問題の解決と考え方の交流に時間がかかることから，2時間扱いの授

業展開とすることも考えられる。

要件②　問題と問題提示

【問題】右図のような円錐をつくるために，大小2つの円をかきました。大きな円をどれだけ切り取ればよいか，その面積を求めなさい。

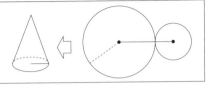

円錐の側面積を求める問題であるが，立体の見取図を提示しただけでは，生徒はなかなか展開図をかくことができない。右上図のような仮の展開図を提示して，その図を手がかりに対応する辺の長さについて考えていく。

はじめに提示する問題には，数値が与えられていない。これは「どの数値がわかれば面積が求められるか」について考えさせ，見取図と展開図の辺の対応について理解を促すためである。その上で，円錐の母線の長さと底面の半径がそれぞれ12 cm，5 cmという情報を与え，展開図をノートにかいて個々で解決へと向かわせる。

要件③　考えの取り上げ方

求めた扇形の面積の説明場面では，次の2つの方法が登場する。
1　扇形の中心角を求め，大きな円の中心角の割合分だけ面積を求める方法
2　扇形の弧の長さを求め，大きな円の弧の長さの割合分だけ面積を求める方法

2つの方法は，同一の円の面積が中心角や弧の長さと比例関係にあることに基づいている。こうした比例の考えは，表を用いて整理し，関係を縦と横の2つの軸で見直してみると捉えやすい。さらに，2つの考え方が登場したところで，互いの式の一部を紹介し，別の生徒に説明させるなど，式の意味を読む活動の場を設ける。2つの式に共通した部分やどんな利点があるかなどの視点で考えさせると，授業はさらに深まる。

2 授業の実際
(1) 問題を把握し,予想する
問題の図を紹介し,条件を確認した。円錐の見取図と展開図において,円錐の母線が大きな円の半径であり,円錐の底面の半径が小さな円の半径であること,扇形の弧の長さが小さな円の円周と等しい長さであることなどが確認された。その上で母線の長さが12cm,底面の半径が5cmであるとした。

(2) 個人で考える
まずは展開図を縮小してノートにかいた。(実寸でかかせる場合は,A3の用紙が1枚あると,かくことができる)。2つの円をかき,大きな円を分割する形で扇形にした。半径や扇形の中心角,弧の長さを数値で求め,関係を表す式をかくことで,計算して答えを求めた。生徒の中には〈表1〉〈表2〉のような2種類の表をかく者があった。

〈表1〉 扇形の中心角と円周の関係

	中心角(°)	円周(cm)
大きい円	150	24π
扇形	x	10π

〈表2〉 扇形の面積と円周の関係

	面積(cm^2)	円周(cm)
大きい円	144π	24π
扇形	S	10π

(3) 全体で課題を解決する
アとイの2つの考え方が登場した。

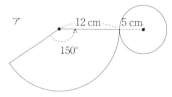 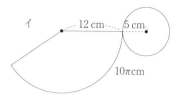

扇形の中心角を$x°$とすると

$$12 \times 2 \times \pi \times \frac{x}{360} = 5 \times 2 \times \pi$$

$x = 150$ 扇形の面積をSとする。

$S = 12 \times 12 \times \pi \times \frac{150}{360}$

$= 60\pi$ 60π (cm^2)

扇形の弧の長さと扇形の面積が比例する関係から求める。

$S = 12 \times 12 \times \pi \times \frac{10\pi}{24\pi}$

$= 60\pi$ 60π (cm^2)

(4) 学習の理解を深める

(3)のアとイの式でアンダーラインの式をかいた後,他の生徒にこの式の意味を読む活動をさせた。生徒は図をもとに,式の意味を推測し,説明することができた。また,この説明は複数の生徒で行い,かいた本人に発表された考え方でよいか全体で確認した。

(5) 考え方のよさを確認する

アとイの考え方を表す式では,式が $S = 12 \times 12 \times \pi \times \dfrac{5}{12}$ となり,ともに同じ式に帰着される同一の考え方であることを確認した。また,イの方法は面積を求める計算の手順が少ないが,実際に展開図をかくには中心角を求めるアの方法でないとかけないといった発言があった。

3 授業後の考察―「よい授業」の視点から―

生徒が主体的に取り組み,考え続けたか

見取図と展開図(の一部)を提示して考える本時の提示の仕方は,多くの生徒にとって考える手がかりを得ることができ,解決への見通しがもちやすい授業となった。また,複数の考え方を板書し,その式から考え方を説明させる授業展開は,自分で考えを思いつかない生徒にとっても考える手がかりとなり,学びへの意欲を喚起させた。さらに複数の考え方についての共通点や有効性を考えることによって,式の表現の豊かさについても触れることができた。主体的に学ぶいくつかの手立てをもとに,多くの生徒が授業に参加し,考え続ける授業になった。

目標が達成されたか

本授業では,円錐の展開図において,多くの生徒が対応する線分の長さを捉え,中心角や弧の長さを手がかりに,求める円錐の側面積を求めることができた。こうした実感を伴う体験的な学習をもとに学んだ内容は,生徒にとって納得のいく知識となって習得されていくものと考える。

(近藤)

授業例 ⑩ 第1学年　　空間図形

立方体の切断面

　この授業は2時間扱いとし，空間図形の単元の終盤において，既習の見取図，展開図，投影図等を活用して問題解決する場面に位置づける。立方体を斜めに切断した立体を作製し，そこに現れる1つの平面にできる四角形の形を考えることによって，生徒の空間図形の理解を一層深め，数学的に推論する力を育成するとともに，図形に対する興味・関心を高める。

1 授業前の検討—「よい授業」を行うための要件について—

要件①　本時の目標

- 製作した立体を，見取図，展開図，投影図などを用いて様々な角度から考察することにより，ふたの形がひし形であることを説明できる。

　この授業は，1時間目に立体を作製し，2時間目にふたの形について考察することが主な活動である。授業の展開では，問題を解決する過程を重視する。特に，立方体の切断面の形を直感的に判断し，その展開図を作成した結果から，つくった立体のふたの形について「おやっ」と思ったことを，全体の問いとして共有し，目的意識をもって問題解決する流れを大切にしたい。

要件②　問題と問題提示

【問題】1辺6cmの立方体を点D，P，F，Qを通るように切ったときにできる奥の立体を，実際につくってみよう。また，切り口をふさぐ「ふた」もつくってみよう。

　中点P，Qを確認し，切断面DPFQを立方体の展開図にかき加えさせ，立体をイメージさせたあと，実際に製作に取り組ませる。

要件③ 考えの取り上げ方

　見取図から辺の長さを読み取り，展開図をかき立体を製作したものの，ふたの形がぴったりとはまらないものができあがる。これは切断面DPFQの形を見取図上から直感的に認識し，正方形や長方形，ひし形など様々な形として判断したためである。そこで，生徒から生まれた問いである「ふたの形がどのようになるのか」に焦点を絞り，小集団及び全体で議論していく。また，ふたの形を考察する際には，生徒が見取図上で推論していくことと同時に，実際に製作した立体をよく観察することを通して，対角線の長さや切断面にできる角度について，全体で考えを共有する場面を設定する。

2　授業の実際

(1) 問題を把握し，展開図から立体を製作する

　立方体の見取図を見せ，「立方体を切った下の形」「ふたを付けた形」「点D，P，F，Qを通る」などシンプルでわかりやすい言葉を用い，製作する立体の形をイメージさせた。

(2) ふたの部分の形をつくる

　見取図から正方形であると判断してふたを製作した生徒の中には，ぴったりとふたがはまらないことから，思考と実際の形とのずれに戸惑っていた。また，ふたのない立体の上下をひっくり返して，ふたのない面を別の工作用紙にあてて，鉛筆で縁取って切り出していた。こうした操作を認めつつ，1つの立体の製作を終えて，1時間目を閉じた。

ふたを作成する

(3) 生徒の問いをもとに，議論をふたの形に焦点化する

　実際に製作した立体をもとに，ふたの形が違う立体を見比べることで「切り口をふさぐふたの形は何だろう？」と全体に投げかけた。すると，「正方形だよ」「いや，ひし形か平行四辺形のどちらかだと思う」などの意見が飛び交った。そこで，個人で自分の考えをつくる時間をしばらくとることにした。

(4) ふたの形について，小集団で議論する

どの班においても，ふたの形を考える際，製作した立体をいろいろな方向から観察することで，判断の手立てとしていた。辺の長さや角度，対角線に目を向け，形を判断する根拠を見いだすための議論が行われた。

小集団での議論

(5) 小集団で結論づけたふたの形を全体で議論する

切り口を長方形と結論づけた小集団の意見から議論を進めた。実際には以下のようなやりとりがあった。

S1：私の班では，PDとDQの長さが違うので長方形という意見でまとまりました。

S2：でも，PDとDQの長さは等しいんじゃない

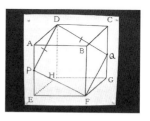

PD＝DQの議論の図

の。だって，△APDと△CQDは合同な三角形だから，PD＝DQがいえるよ。同じ理由で，4つの辺はすべて同じだよ。

T：つまり，長方形，平行四辺形ではないということだね。残されたのは，ひし形か正方形ってことだね。どちらなのかな。

S3：対角線の長さが違うから正方形ではないよ。

S4：それって，どういうこと？　だって角度はどう考えても90°だから正方形じゃないの？　実

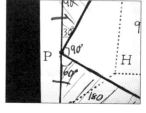

誤った求め方

際に角度を求めてみればわかるよ。∠APD＝30°，∠EPF＝60°，この2つの角を180°からひくことで，∠DPF＝90°だよ。だから正方形だね。

S3：角度を求めるとそうなるのかもしれないけど。右図のように対角線で考えると，PQ＝DBだから，PQよりもDFの方が長いはずだよ。

T：対角線の長さが違えば，ひし形ですね。角度が90°ってところが，どう

なのかな？　実際の製作した立体で確かめてみよう。
S5：測ると90°ではなさそうだ。角度の求め方が違うんじゃないのかな。
　こうして，切断面の形についての議論は，対角線の長さの違いを根拠としてひし形と結論づけた。

(6) 学習の理解を深める

　まとめとして，以下のような立方体の切断面の形を推測し，角度を説明する問題に取り組むことで，理解を深めた。

> 【問題】∠DEG の角の大きさは何度になるでしょうか。答えとその理由を考えてみよう。

3 授業後の考察―「よい授業」の視点から―

生徒が主体的に取り組み，考え続けたか

　この授業では，右図のように実際に立体を製作させる中で，ふたの部分が正確につくることができないと言う生徒から生まれた問いをもとに授業を展開した。また，ふたの形を全体で共有し，議論していく際

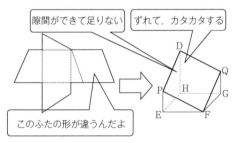

には，どのような形になるかを予想させながら，目的意識をもって追求できたことで，主体的な学びが生まれたと考えられる。

目標が達成されたか

　この授業で，見取図上の見かけによる直感的な判断からなかなか抜け出せない生徒が多くいた。そのため，ふたの形について実物をよく観察しつつ，展開図や投影図などを用いて推論する授業展開は，誤った判断に気づく有効な手立てとなっていた。また，対角線やなす角を議論することで，図形に対する理解を深めることもできた。今後も，生徒の思考の流れを大切にしながら，目標に迫るための教師の出番をしっかりと見極める必要がある。　　（坂本）

授業例(11) 第1学年　　　　　　　　　資料の活用

代表値

　一般的な代表値として，平均値を使うことが多い。この授業では，平均値だけでは問題を解決することができず，平均値以外の代表値を根拠に資料の特徴を説明する必要性を実感してほしいと考えた。前時までは，資料を度数分布表やヒストグラムに整理し，平均値を根拠に資料の特徴を説明する学習を行っている。

1　授業前の検討―「よい授業」を行うための要件について―

要件①　本時の目標

・中央値や最頻値の意味を理解し，それらを用いて資料の特徴を説明することができる。

　これまで学習してきた平均値だけでは，資料の特徴を1つの視点からしか捉えることができない。また，代表値として中央値や最頻値があることを理解するためには，生徒が自ら平均値以外の代表値の必要性を理解する必要があり，実感のともなった理解が不可欠である。

　代表値については，「平均値や中央値，最頻値を求めること」が大切なのではなく，どの代表値を使って資料の特徴を説明でき，その説明が本当にふさわしいかを考え，判断できる生徒の姿をめざす必要がある。これらのことから，本時の目標を設定した。

要件②　問題と問題提示

【問題】ある中学生14名に，1か月で読んだ本の冊数を調べたものです。
　2　0　1　1　14　2　1　1　16　3　2　3　14　4
　カツオは3冊読んだ。14名の中では本を多く読んだ方といえますか？

本時の目標を踏まえると,「どんな値を代表値としたらよいだろうか？」という課題となる。この課題を設定するための問題として, 平均値だけでは判断できない問題を提示する必要がある。平均値と中央値, 最頻値が一致しないことや, とび抜けた値を入れることによって平均値が高くなることを取り入れ, 数値を工夫し, 多様な考えで説明できる問題がよいと考えた。

　平均値以外の考え方を強調するために, カツオの考えを問題に入れることによって, 平均値を生徒が求めるとともに平均値への疑問をもたせ, 平均値以外の考えに必要感をもたせられるように工夫した。

要件③ 考えの取り上げ方

　ふさわしい代表値を考えさせるために, 小学校での既習内容である平均値を取り上げ,「本当にカツオは少ない方なのか？」と問い返す。平均値でははっきりしないため, 資料をヒストグラムや小さい順に並び替えて整理させ, その中から, 中央値や最頻値などに気づいた生徒を意図的に指名し, 平均値以外の代表値を取り上げる。様々な代表値を取り上げたあと, 問題を解決するために最も適切な代表値を考えさせ, 説明させることにした。

② 授業の実際
(1) 問題を把握し, 予想する

　問題をパソコンでテレビ画面に映して提示し, 生徒にはプリントを配布した。「多い方といえるか？」と予想させると「いえる」,「いえない」「どちらでもない」という生徒がいた。それぞれについて簡単に理由を聞くと,

「いえる」：3冊より少ない冊数の人が多い
「いえない」：たくさん読んでいる人が数名いる
「どちらでもない」：比べようがない

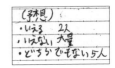

という考えが出たため, 板書したあと「どのように考えればよいか？」と発問した。生徒から「平均値を求めればよい」「表やグラフにしたらよい」という考えが出たため, 平均値を求めさせた。平均値は4.57冊となり,「カツオは少ない方といえる」と板書した。その後,「本当にカツオは少ない方な

のか？」と問い返すと,「平均より少ない生徒がたくさんいる」「平均より多い生徒が2名しかいない」「平均の生徒がいない」などという考えが出た。そこで,「資料を整理し,どんな値を代表値としたらよいだろうか」という課題を設定した。

(2) **個人で考える**

個人思考の時間をとり,机間指導しながら「平均値以外も考えられるんだ」「並び替えたらわかりやすいね」「他の代表値はないか」とつぶやき,いろいろな代表値を考えるように意欲の喚起をうながした。個人で考えている間,いくつかの代表値を考えることができた2名の生徒を意図的に指名し,資料を小さい順に並び替えたものと,ヒストグラムに表したものを黒板に書かせた。全体を一度止めて,「このように資料を整理するといいね」と確認し,さらに他の代表値を考えさせた。

(3) **全体で課題を解決する**

机間指導で確認しておいた生徒を意図的に指名し,はじめに右の2つの考えを取り上げた。どちらを代表値としても,カツオは「本を多く読んだ方といえる」ことを全体で確認し,教科書を用いて中央値(メジアン)と最頻値(モード)の意味と求める方法を確認した。「その他の考えはないか」と発問し,14冊と16冊が平均値を高くしていることに気がついた生徒を指名し,(その3)を取り上げた。この考え方については,具体例として,

> (その1) 読んでいる人が多い冊数
> 　1冊読んでいる人が一番多いので,1冊が代表値として使える
> (その2) 14人の真ん中にいる人の冊数
> 　7番目と8番目の人は2冊読んでいるので,2冊が代表値として使える

> (その3) 14冊と16冊を抜いた平均値
> 　14冊と16冊を抜いた平均値を求めると,平均値は1.9冊になるので,代表値として使える

オリンピックで行われる競技等の採点方法として,身近に使われている代表値であることを知らせ,中央値に近い値になっていることに気づかせた。

(4) 学習の理解を深める

3つの考え方を取り上げたあと，「問題を解決するための代表値として適切なのはどれだろうか？」と発問した。周りの生徒と話し合わせ，教師と生徒のやりとりを通して，主な考えを板書した。14冊と16冊の扱い方に着目させ，極端に離れた値があったり，ヒストグラムで見ると非対称であったりする場合は平均値より中央値を用いた方がよい場合があることを確認し，この問題を解決するための代表値として，中央値が適切であることを確認した。

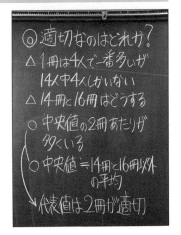

③ 授業後の考察―「よい授業」の視点から―

生徒が主体的に取り組み，考え続けたか

本時では，生徒が小学校での既習内容である平均値を自然に求める場面から，平均値では解決できないという困難を感じ，よりよい代表値を見つけようと意欲的に取り組める問題にした。問題の数値を工夫することで，生徒が資料を小さい順に並べたり，ヒストグラムで表したりする活動を通して，平均値以外の代表値を見いだし，意欲的に課題に取り組む様子があった。課題解決に向けて，考え続けることができた授業となった。

目標が達成されたか

本時は，様々な代表値を比較することによって，知識として代表値を知るだけではなく，適切な代表値を集団解決の中で判断し，考え続ける中で代表値の意味について理解させることができた。考えさせ方と考えの取り上げ方の工夫で，より本時の目標達成に近づけたと考える。しかし，最終的にすべての生徒が中央値が適切だと判断したわけではない。「どちらの方がよりよいだろうか？」と問い返しをしながら，さらに集団解決を充実する必要があると感じた。

(若松)

授業例⑫ 第2学年　式と計算

式の計算の利用

　この授業では，図形の面積を比較する問題を通して，文字を用いて考察することの必要性を実感させるとともに，図形の学習への興味や関心を高めるようにしたいと考えた。前時までには，式の計算の基本的な知識や技能などを身に付けており，本時は活用の第1時と押さえている。次時からは，本単元の活用の問題をさらに解決していくことになる。

1　授業前の検討―「よい授業」を行うための要件について―

要件①　本時の目標

・視覚的に判断がつきにくい図形の性質を，文字を用いて考え，式を活用して説明できる。

　この授業では，問題を解決する際に，文字を用いた式を活用することのよさを実感することがねらいである。また，面積を比較することから，既習内容となる計算の仕方を確実に身に付けることも大切である。そこで，本時の目標を上のように設定し，次の工夫を取り入れた。

・視覚的に問題を捉えさせ，文字で説明する必要感がもてるようにした。
・授業の後半では図形を発展的に扱い，他の図形でも活用できるようにした。

要件②　問題と問題提示

　この授業では，文字を用いて考える必要性をもたせ，直観的な予想が生かされるように，右のような選択タイプの決定問題を与えた。問題はともに正方形に大きさの異なる円を敷き詰めたものであ

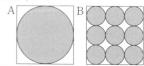

【問題】1辺が18cmの正方形の中に下のように円が接している。このとき，AとBで面積が大きいのはどちらだろうか？

る。

　問題提示では先に正方形を黒板に貼りつけ，その上に円を重ねていくようにした。最後に「面積は等しいだろうか？」と問いかけ，すぐに挙手をさせて予想を促すことにした。問題はプリントして配付することにした。

要件③　考えの取り上げ方

　「同じ」と予想する生徒が多いことから，ノートに理由を書かせることから始める。また，机間指導を通して理解の状況を把握することにした。また，具体的な数値を用いて計算する考えから取り上げることで，文字を用いて説明することの必要性が高まると考えた。さらに，「他の図形でも同じようなことがいえるのだろうか？」と問いかけることで新たな視点に着目させ，長方形の図形をかき入れたプリントに考えを取り入れていけるように工夫した。

2　授業の実際

(1)　問題を把握し，答えを予想する

　最初に画用紙にかいた2つの図を提示し，「AとBではどちらが大きいだろうか」と問いかけて，そのまま直観的に予想させた。「同じ」に挙手する生徒がほとんどであったので，「本当に同じなのか？」と発問し，面積を求めて比較することを課題とした。

(2)　個人で考える

　プリントした問題を配付し，考える時間を少し与えた。AとBの面積を求めている考えから取り上げ，右のように板書しながら面積が同じになることを確認した。全員が納得した様子を確認し，その後に「一辺の長さが変わっても同じといえるのか？」と問いかけた。「同じになる」という声が多数あったので，「どのように説明すればよいのか？」と聞き返し，式のつくり方に焦点化した。

　自分なりに考える時間を与え，その間は机間指導を行った。Bの円の半径

を与えていなかったためか,「9個の円は同じ大きさなの？」という確認の質問が出た。同じであることを伝えて面積を表す方法を考えさせた。文字を指定する必要があると感じたので，一度生徒の手を止め，ある生徒のノートの式を紹介した。「文字で式をつくるのはなぜだろうか？」と問い返すと，「どんな場合も説明ができるから」との返答があった。黒板に，右のような計算の式を書かせた。

(3) **全体で問題を解決する**

一辺を x cm とし A と B の面積を式で表わし，それぞれを計算させた。この計算は本単元で学んだ技能であることから，どの生徒もスムーズに行うことができた。計算を終えた生徒からは，「同じになった！」という驚きの声があちこちで挙がっていた。最初の予想の段階で「Bが大きい」と答えた生徒からは，「見た目ではBの方が隙間がないように見えたのに……」などといった意外な結果に納得した様子もあった。

(4) **新たな課題に取り組む**

問題が解決された段階で，「円以外の図形だったら面積はどうなるのかな？」と問いかけた。すると「他の図形でも同じになるかも……」という予想が出されたので，正方形の紙を長方形に，そして中の図形を円を三角形

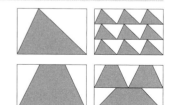

や台形にしてみるなどして，面積を比較する時間を与えた。長方形になると，2つの文字を用いて問題を解決する必要があることに気づいたので，縦を x cm，横を y cm として式を考えさせた。多くの生徒が式を変形させ，面積が等しくなることを見つけようとした。

(5) **発展させて考える**

図形を4つや9つに分割した場合の係数に着目させ，文字を用いて式で表現させた。図形を変えたり分割の仕方を9個に増やしても面積の関係が同じ

になることで，式を用いて計算することの
よさを実感した様子であった。

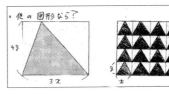

さらに，右の図のように小さい方の図形
の底辺と高さを x cm，y cm とすることで，
係数に分数を含まない形で式変形を行っている生徒がいた。文字をよりよく
用いることで式を効率よく計算できることに触れた。

授業後，生徒からは「1つの図形の中で大きさが違ってもいいのかな」「立
体だったら同じようにいえるのか」などといったコメントがあり，本時の学
習をさらに追究しようとする姿もあった。このように式を活用することで，
図形の性質について一般化させて考えることができた。

3 授業後の考察―「よい授業」の視点から―

生徒が主体的に取り組み，考え続けたか

問題の提示場面では，視覚的に予想を促すことのできる問題を提示するこ
とで，図形の面積を比較する必要感が高まった。また，この図形の他にも，「三
角形だったら」「長方形にしてみたら」といった疑問がわき上がり，自分な
りに工夫しながら長方形の図の中に三角形や台形などの図をかくことで，課
題を解決する意欲を喚起させることができた。

目標が達成されたか

正方形と円を含んだ問題を扱うことで，必要となる文字が1種類に限定さ
れるため，クラスのほとんどが式をつくって計算することができた。また，
図形を変えて挑戦させたときに，使用する文字を2種類与えておくことで，
スムーズに式をつくって計算することができ，本時の目標が達成できたとい
える。また，発展させて考える際には，黒板で説明させたり，隣り同士で考
え方を比較させることで，数学的活動の充実が図られた。

この問題は図形をさらに複雑にしたり，場合によっては空間図形にまで図
形を広げて考えることができるので，課題学習として与えることも望ましい
と考える。

（谷地元）

授業例⓭ 第2学年　　　　連立方程式
連立方程式とその解

　この授業は，単元「連立方程式」の1時間目に設定した。加減法で解く解き方よりも先に，代入法での解き方を指導することを念頭に置き，「2元1次方程式の意味」と「連立方程式の解の意味」を理解させ，連立方程式への興味や関心も高めようとした1時間である。

1　授業前の検討—「よい授業」を行うための要件について—
要件①　本時の目標

> ・2元1次方程式と解，連立2元1次方程式と解について理解する。

　第1学年で学習した1元1次方程式は解が1つであった。それに対して2学年で学習する2元1次方程式の解は1つとは限らない。しかし，2元1次方程式を連立させることで2つの方程式を同時に満たす連立方程式の解を求めることができる。1元1次方程式との比較を通してこれらの違いを明確にしながら「2元1次方程式と解，連立2元1次方程式と解」を理解させることをねらいとした。

要件②　問題と問題提示

> 【問題】先生が100点満点のテストを作成しようとしている。出題する問題は2点問題と4点問題とし，4点問題は2点問題よりも4問多くしたい。それぞれ何問ずつ出題するとよいか。

　現在の中学校数学の教科書は，7社中6社が加減法からの指導である。私自身の経験では，加減法から指導していくと，代入法で解くことの方が効率的である連立方程式であっても，加減法で形式的に解こうとする生徒が少なからず出てくる。連立方程式を解くときの考え方は，2つの文字のうち一方の文字を消去し，すでに生徒が知っている1元1次方程式に帰着させて解く

ことである。そこで，代入法から指導することで，この考え方をよりクローズアップできないかと考えた。このような理由から，次時に代入法で解くことを念頭に置き，連立方程式の一方が「$y=ax+b$」の形になるように問題を設定した。また，本時は単元「連立方程式」の1時間目である。「連立方程式とその解の意味」について理解することに加えて，単元「連立方程式」に対する関心・意欲を高めることも望まれる。そこで，生徒に「連立方程式は解けないけれど，その意味や解についてはわかった！」と実感させたいと考えた。そのため，「どのようにして答えを求めるのだろうか」などと，生徒が主体的に考え続けることができるよう，授業の早い段階で答えが見通せる問題を設定した。

要件③　考えの取り上げ方

この問題を提示すると，2点問題をx問，4点問題を$(x+4)$問として1元1次方程式をつくり，答えを求める生徒がいる。そのため，課題を「2点問題をx問，4点問題をy問として方程式をつくろう」と設定し，すべての生徒が2元1次方程式をつくることができるよう配慮する。また，2元1次方程式の解が1つではないことを強調するために，「$y=x+4$」を満たすxとyの値の組を「表」で考えることとする。

次時には，1元1次方程式をつくって答えを求めた生徒の計算が代入法での計算過程となることを確認し，1元1次方程式に帰着させて解く考え方であることを強調したいと考えた。

2　授業の実際

(1) 問題を把握し，答えを予想する

問題を板書しながら提示し，「2点問題と4点問題を，それぞれ何問ずつ出題するとよいだろうか？」と問いかけた。生徒が問題をノートに記入している間に，机間指導しながら生徒の考えを把握していった。「わかった！」とつぶやいた生徒がいたため，「本当に合計100点になるの？」と声をかけて確かめさせた。1元1次方程式をつくって解を求めている生徒もいたが，あ

えて取り上げなかった。学級全体に問いかけて予想を発表させると,「2点問題は14問, 4点問題は18問」であると, 学級の約3分の1の生徒が答えた。「本当に正しいのか」と発問し, 生徒とともに計算しながら「2点×14問で28点分」「4点×18問で72点分」「合計100点分」と板書して, 問題の答えとしてふさわしいことを全体で確認した。

(2) **課題をつかむ**

答えを予想できなかった生徒の1人が「どうして答えがわかったのか？」と発言したため,「この問題の答えをみんなが求めることができるようにするには, どうすればよいか？」と学級全体に問いかた。「計算で求める」「方程式をつくる」などの考えが出されたため,「どんな式をつくればよいだろうか？」と発問した。「求めるものが2つあるから, 文字を2つ使って式をつくる」という考えが出されたので, 課題を「2点問題をx問, 4点問題をy問として方程式をつくろう」と設定し, 個人で考える時間を設けた。

(3) **個人で考える**

机間指導をしながら生徒の考えを把握していくと,「$2x+4y=100$」「$y=x+4$」のどちらか一方をノートに書いている生徒が多かった。「違った方程式ができているよ」「問題数に着目して方程式をつくったんだね」「合計点数に着目して方程式をつくっている人もいるよ」などと, 意図的につぶやきながら生徒の思考を促した。

(4) **学級全体で方程式を確認する**

多くの生徒がどちらかの方程式をノートに記入できたことを確認してから, 学級全体で方程式を確認した。その際,「$2x+4y=100$」は点数に関する式であること,「$y=x+4$」は問題数に関する式であることを生徒に説明させながら丁寧に確認した。

(5) **問題を解決する**

「この2つの式からxとyの値を求めよう」と発問し, 机間指導しながら生徒の考えを把握していった。「$y=x+4$」の式をもとに, xとyの値の組を表にまとめている生徒を指名し, 次のような表を板書させた。

「$y=x+4$を満たすxとyの値の組は何通りあるだろうか？」と発問し，1学年で学
習した1元1次方程式の解は1つであったことを想起させながら，文字を2つ含む「$y=x+4$」の解は1つだけではないことを確かめた。表の中のxとyの値の組の中で2点問題が14問，4点問題が18問であるとき，合計点数が100点になることを全体で確認した。

(6) 学習内容の定着を図る

生徒から出された2つの方程式や表の値の組を用いながら，「2元1次方程式とその解，連立方程式とその解」について説明した。最後に，教科書で用語などを確認し，用語とその意味を板書して授業を終えた。

③ 授業後の考察―「よい授業」の視点から―

生徒が主体的に取り組み，考え続けたか

この授業では，授業の早い段階で「2点問題は14問，4点問題は18問である」ということを確かめた。そうしたことで，「どうしてわかったのか？」「計算で求めるにはどうしたらよいのだろうか？」という疑問が生まれ，2元1次方程式や連立方程式について理解していただけではなく，「その解き方について早く知りたい」という思いが生徒に生じ，主体的に取り組む授業となった。本時だけではなく，次時の意欲も高めることができる授業となった。

目標が達成されたか

1元1次方程式に対して，2元1次方程式の解は1つではないことを理解させるために，表を用いたことはとても有効であった。「どうして，答えがわかったのか？」と発言していた生徒が，表から2つの2元1次方程式を満たす値の組を見つけ，それを連立方程式の解であることを理解できていたことからも，連立方程式の解の意味を理解できた授業になったと考える。また，2元1次方程式を生徒が自分自身でつくることができたことで，1元1次方程式との違いがより明確になり，理解が深まった。

(沼澤)

授業例⑭ 第2学年　　　　　　　　　　連立方程式

連立方程式の利用（3元1次連立方程式）

　この授業では，連立2元1次方程式の理解を深めさせるために，3元1次方程式を含む発展的な課題を取り上げる。前時までに連立2元1次方程式に関わる基本的な知識や技能を身に付けている。本時は課題解決の過程で方程式のよさを感じさせた上で，課題の広がりを示すことにより，さらに深く学習しようとする態度を育成するための1時間である。

1　授業前の検討―「よい授業」を行うための要件について―
要件①　本時の目標

・連立方程式を用いて課題を解決することのよさに気づく。

　連立方程式を用いて課題解決するよさに気づかせるには，それ以外の解決方法と比較をした上で，文字を用いて立式すれば機械的に解を導けることや，文字を複数用いることで立式が容易になることを示したい。そこで，本時の目標を上のように設定し，次のような工夫を取り入れることとした。

・多様な解法を引き出す「数の輪」というパズルを問題として提示して，それぞれの解法を比較する。
・発展課題を提示し，連立方程式のよさを際立たせる。

要件②　問題と問題提示

　この授業では，パズル性の強い決定問題を解決させた上で，よりよい解決方法を探る必要性を高めることにした。〔問題1〕〔問題2〕のように2段階で提示することにより，興味関心を引き出しながら課題解決への手がかりを与えられるようにした。また，連立方程式のよさを際立たせるために，発展として上の図の問題を提示することとした。

要件③　考えの取り上げ方

　連立方程式のよさに注目させるために，問題2では，はじめに試行錯誤しながら解を求める方法を取り上げ，そのあとで文字を用いる考えと比較させることで，方程式のよさに迫ることにした。これを受け，文字を用いた解法について比較する課題に移るが，ここでは①連立3元1次方程式，②連立2元1次方程式，③1元1次方程式の順で取り上げることにした。これは②③の考えで先に問題解決できてしまった場合，新規の考えを見つけていく必要性を感じにくいからである。①は立式しやすいため，そこを強調しながら②③と比較させ，連立方程式のよさを実感させたいと考えた。

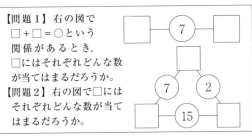

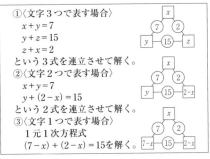

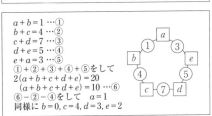

　さらに発展課題では文字を複数用いることで立式及び解決が容易になる解法を取り上げ，単元で学習してきたことのよさを再確認させることにした。

2　授業の実際

(1)　問題を把握し，解法を探る

　導入部ではテンポよくパズル形式の問題を出題し，設定や考え方を把握させた。問題1では試行錯誤の中で，□の中に入る数が一通りに定まらないことに気づかせた。問題2に発展させても，やはり多くの生徒が試行錯誤を繰り返すが，その中で一部の生徒が文字を使う方法を見いだし始めた。

⑵ **課題を把握し，考える**

　文字を用いる案に対して賞賛の声が上がったため，「□の中に入る数を，方程式を用いて求める方法を説明しよう」という課題を設定した。個人解決の場面では，①連立3元1次方程式が3割，②連立2元1次方程式が4割，③1元1次方程式が2割程度であった。手がつかない生徒に対しては，未知数がいくつあるか問い，各辺の数量関係を式で表すように支援した。

　連立3元1次方程式の解法は未習であったが，半分程度の生徒が文字を消去しようと試みていた。同じ考えの生徒ごとで議論させ，解法を探らせた。

⑶ **考えを発表し，共有する**

　①（連立3元1次方程式）の考えに対しては，立式の斬新さに驚きの声と，解法の不明さに関する声が挙がったので，一度発表を止め，解法について隣同士で考えさせた。「文字を消去すればいい」という意見が全体から聞こえ始めたところで発表を再開させた。②（連立2元1次方程式）や③（1元1次方程式）については多くの生徒は納得していたが，どの部分をどの文字で表したのかについては全体で確認し合った。

⑷ **解決過程を振り返り，それぞれのよさを考える**

　過程を振り返り，用いた文字の数，立式の方法，立式後の解の求め方を整理した。それぞれの解法のよさについては，①連立3元1次方程式は立式が容易であること，②連立2元1次方程式は今までの学習と同じように解くことができること，③1元1次方程式は立式が難しいが解を求めるのが早いことなどが挙がった。また，いずれの解法でも，文字を消去したり，置き換えたりする中で1元1次方程式になっているという共通点も導けた。

⑸ **学習の理解を深める**

　確認問題のあと，発展問題に取り組ませた。文字を3種類以上使ってよいことが共通理解としてあったため，容易に立式していた。しかし，解を導く時間の余裕がなかったので，解の導き方については教師主導で行った。文字を5種類使うような方程式でも解が見つかることについて驚きの声が湧いた。また授業後に自分で考えた解法を伝えに来る生徒も数名いた。

授業を振り返り，生徒の発言をもとに，「加減法や代入法などの方程式の考え方を使うことで，文字が増えても文字を消去しながら解を導くことができる」ということを本時のまとめとした。

3 授業後の考察―「よい授業」の視点から―
生徒が主体的に取り組み，考え続けたか

パズル性の強い問題から，よりよい解決方法を探ろうとしたところまでは生徒の興味関心をよく引き出せた。しかし文字を用いた3つの解法を導いていく過程で，3元1次方程式の解の導き方について理解が追いつかなくなってしまった生徒が複数いた。今までの学習の中で，「2元1次方程式は，連立して加減法や代入法を用いて文字を消去することにより，1元1次方程式として解決できる」という学習の流れをしっかりと定着させておくことで，文字が増えても解決ができる素地を養えたと考えられる。とはいえ，多くの生徒にとって驚きのある問題設定や展開ができ，課題解決に向けて生徒は考え続けることができたといえる。

目標が達成されたか

様々な解法を比較していく中で，文字の有用性については多くの生徒が実感をもって理解することができた。反面，連立方程式のよさについては，「自分はこの方法がよい」と凝り固まっている生徒も少なくなかった。どの方法がよいかということではなく，それぞれの考えのよいところや足りないところ，共通点や異なる点を理解することが大切である。互いの意見を尊重し合い，認め合う土壌づくりがこのような授業の根底にあることを感じた。しかしながら，生徒の授業の振り返りを観察したところ，「早く（機械的に）解くことができる」「複雑な問題に対応できる」「説明しやすい」など連立方程式のよさに関する記述や，「他の問題にも活用したい」「もっと発展させたい」という記述が多く見られた。このような点から，本時の目標はおおむね達成できたと考えられる。

(岸本)

授業例 ⑮ 第2学年　1次関数
直線の式の求め方

　1次関数の関係を式や表，グラフで表現できること，1次関数で表現されたものの意味を読み取ることは関数の学習の基礎となる。本時では，直線の式を求めることに必要感をもたせ，座標平面上の直線の式は傾きとy軸上の切片がわかれば求められることを理解させようとしたものである。前時までには，傾きと切片から1次関数の式を求めることを学習している。

1　授業前の検討—「よい授業」を行うための要件について—

要件①　本時の目標

・2点の座標から直線の式を求める必要性を感じ，その求め方を理解する。

　「傾きを求めて一方の点を代入する求め方」と「2点の座標を代入して連立方程式を用いる求め方」を理解させることをねらいとしている。
　求め方の反復だけで終わってしまわないように，3点目，4点目の座標を与える中から直線の式を求める必要性を実感させようと考え，このように目標を設定した。

要件②　問題と問題提示

【問題】

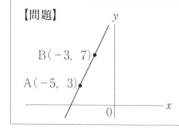

(1)　2点A，Bを結んだ直線はC(1, 15)を通るだろうか。
(2)　同じ直線がD(50, □)を通る。□に入る値はいくつだろうか。

　目盛りに頼らなくとも直線の式が求められることを実感させるために，問

題提示ではグラフ用紙を用いないこととした。また，問題への理解を確実なものにするために，問題を2つに分けて段階的に与えようと考えた。与える座標については，次のような意図で値を設定した。

- xの増加量2，yの増加量4を用いることができれば解決しやすくなるような座標をCのx座標とする。
- 問題(1)で，式をつくって考えた生徒が$y=2\times(50)+13$と代入後の計算を瞬時に行えるように，Dのx座標を50とする。

要件③ 考えの取り上げ方

問題(1)では「グラフ用紙があれば解ける」という生徒をはじめに取り上げ，手元に用意しておいた座標黒板を利用して解決する。その後，「そんな方法をとらなくてもxが2増えるごとにyが4ずつ増えているから」という考えを取り上げ，傾きについて確認する。

そのやり取りを終えたあと，問題(2)を提示する。「わかった」「できた」と瞬時に答えを見つけ出している生徒に，「どうしてそんなに早くわかったの？」「何か簡単に求められる裏技でもあるの？」と問いかけ，『式』という言葉を全体で共有する。求め方については，机間指導で理解状況を把握し，それぞれに考えさせている時間の中で並行して板書させ，1つずつ求め方を確認しようと考えた。

2 授業の実際

(1) 問題を理解し，答えを予想する

最初に2点の座標を書き込み，それらを線で結ぶ。その後，「この2点を通る直線はCを通るかな？」と発問した。わずかな時間を与えて予想させると，「通る」「通らない」がきれいに半数ずつに分かれる結果となった。

「グラフ用紙が欲しい」という声が挙がったので，「座標黒板ならあるけれど使う？」と伝えた。苦手ながらも意欲的に取り組む数名の生徒が黒板の前まで足を運び，指で数を追いながら問題を解決しようと取り組んでいた。変化の割合から求めようとしている生徒や，直線の式を用いて求めようとする

生徒の把握を机間指導の中で行った。

(2) 個人で考え，課題を理解する

　問題(1)で，座標黒板を用いた求め方，増加量を用いた求め方を全体で確認したあと，問題(2)を提示した。式を求めて代入していた生徒は3名しかおらず，それ以外のほとんどの生徒は表を作成して，xを2ずつ，yを4ずつ増やしながら地道に求めようとする姿が見られた。そのような生徒をよそに，早くも「できた」という声が挙がった。そのつぶやきを拾い上げ，あっという間に答えを導いた生徒に全体の注意を向けさせた。「何か簡単に求めることができる方法でも見つけたの？」と問いかけると，「式があれば代入するだけで簡単に求められました」という返答があったので，それ以外の類似する発言も含め1つずつ板書していった。

　ここですぐに課題を提示せず，「どうして式があれば早く求まるのか」「式を用いるよさは何か」という確認を行ってから，『式があれば代入だけでOK！　では，2点を通る式を求めるには？』と課題を提示した。

(3) 課題について考え，全体で解決する

> （ア）　傾きaを求めてから，いずれか一方の点を代入してbを求める方法
> （イ）　$y=ax+b$に2点の座標を代入し，連立方程式で解く方法

　課題は理解できたのだが，どのように式を求めたらよいか手を動かせずに困っている生徒が予想以上に多かった。そこで，（ア）の求め方ですでに式をつくって求めていた生徒に途中式を読ませて板書することにした。それがきっかけで，多くの生徒が，問題(1)で用いた増加量と傾きの関係を結びつけ，bの値をスムーズに求めることができた。さらに確実な理解にするため，先ほどまでつまずいていた生徒を意図的に指名し，曖昧な部分を1つずつ解消させながら式の求め方の確認を行った。

　（イ）の求め方については，一人の生徒に板書をさせた。板書をもとに一行ずつ何を行っている式なのかを確認し，ノートに自分の

言葉で書き込めるだけの時間を与えつつ、全体で確認を行った。

(4) **全体で問題を解決する**

2点の座標から求めた直線の式に$x=1$と$x=50$をそれぞれ代入し、式の有用性について確認した。それ以外にも「(70, □)を通るとしたら□に入る数は？」とか「(100, 203)をこの直線は通る？」などと発問し、式を活用して答えを導き出しているか確認をした。

(5) **学習の理解を深める**

教科書の例題を用いて、（ア）と（イ）のいずれか一方の求め方を選択させた。前時の印象が強いのか、（イ）の求め方をしている生徒は2割程度しかいなかった。また、いろいろな表現の仕方にも対応できるように、「$x=2$のとき$y=-3$、$x=4$のとき$y=-9$である1次関数の式は？」という問題を与え、さらに2問の練習問題を行って授業を終えた。

3 授業後の考察―「よい授業」の視点から―

生徒が主体的に取り組み、考え続けたか

この授業を行う上で、問題は非常に重要な意味をもっている。その中でも、本時においては問題の理解を全員に徹底できていたこと、具体的には「直線が点を通るとはどういうことか」「直線の式を求めることがなぜよいことなのか」について納得させた上で問題や課題の解決に取り組ませたことが、主体的な取り組みにつながったと感じている。生徒の思考に沿った自然な展開になり、生徒は考え続けた。

目標が達成されたか

問題(2)の□の値を問う流れから、式を求める必要性はほとんどの生徒に感じさせることができた。問題(2)までの時間を15分程度とし、課題提示までをスムーズに行ったこともあって、2点の座標から直線の式を求める2通りの求め方を全体で丁寧に扱うことができた。途中でつまずく生徒にも、つまずきに対する確認を全体で行うなど時間的余裕もあり、本時の目標が達成できたと考える。

(鈴木)

授業例 16　第2学年　　　　　　　　　　　　　1次関数

1次関数の利用

　前時では，長方形の周上を動く点によって変化する三角形の面積に関する問題を扱った。この授業は，日常生活の中のともなって変わる2つの数量の関係を表，式，グラフを用いて1次関数であると判断し，その変化や対応について生徒が主体的に考え続けることをめざした1時間である。

1　授業前の検討—「よい授業」を行うための要件について—

要件①　本時の目標

・具体的な事象から取り出した2つの数量の関係が，1次関数であるかどうかを判断し，その変化や対応の特徴を説明することができる。

　第2学年では，具体的な事象から2つの数量を取り出し，それらの変化や対応を調べることを通して1次関数について理解するとともに，関数関係を見いだし表現し考察する能力を養うことが求められる。そのため，ともなって変わる2つの数量関係を，1次関数であるかどうか判断し，その特徴について説明できることも本時の目標とした。

要件②　問題と問題提示

【問題】太郎くんが，いくつかの携帯電話会社の料金を調べたところ，次の通りであった。どちらの携帯電話会社がお得だろうか。

	月額基本料金（円）	1分ごとの通話料（円）
Codomo 社	3500	30
UA 社	2000	40

　この授業では，月額基本料金と1分ごとの通話料がそれぞれ異なる2社の1か月の携帯電話料金から，どちらが安いのかを判断する問題を扱う。その主な理由は次の2点である。

〈1〉 生徒にとって身近で，興味をひく問題であること。

　本時は1次関数の利用の時間である。2つの数量関係を表，式，グラフに表し，適切に選択して説明することが望まれる。本時の目標達成のためには，説明する生徒のみならず，その説明を聞く生徒にとっても「どちらが得なのか知りたい」「なぜ○○の方が得なのか」などと，生徒が主体的に思考し続けることが必要である。そのため，多くの生徒の関心事である携帯電話の料金について取り上げようと考えた。

〈2〉「問題」を確認場面で活用できること。

　確認問題として3社目を提示しても，問題の解法をそのまま利用することができ，2社のグラフに3社目のグラフをかき加えることで，料金の最も安い会社をひと目で判断することができると考えた。

　水道料金や電気料金など，他の具体的な事象でも「基本料金」と「使用した分の料金」との合算で支払金額が決定するものがある。使用頻度にかかわらず支払わなければならない「基本料金」と，それに加算される「使用した分の料金」について丁寧に説明しながら問題を提示する。

要件③　考えの取り上げ方

　使用時間と料金の関係が1次関数であると判断する前に，1次方程式をつくって料金が同じになる時間を求めてから，どちらの会社が得なのかを考える生徒がいる。そのため，課題を「通話時間と料金の関係を調べよう」と設定し，生徒が「どのような関数なのか」を考えられるように配慮する。また，生徒から「表，式，グラフで調べる」という考えを取り上げ，まずは「表」で考えることとする。

２　授業の実際

(1) 問題を把握し，答えを予想する

　基本料金とそれに加算される通話料について詳しく説明しながら，2社の料金体系について理解させた。「例えば1か月の通話時間が10分だったら，料金はいくらになる？」と問いかけ，2社それぞれの料金を確認してから，「ど

ちらがお得？」と問題を提示した。その直後に，Codomo社の方が得かUA社の方が得か，生徒の予想を挙手で把握していった。予想の途中で「どちらが得なのかは，人によって違う」という考えが生徒から出たので「人によって違うってどういうこと？」と問い返し，予想に「どちらが得かは通話時間によって変わる」という選択肢を追加した。

(2) **課題をつかむ**

生徒から出た「どちらが得かは通話時間によって変わる」という考えをもとに，課題を「通話時間と料金の関係は？」と設定した。机間指導しながら，「通話時間と料金はどんな関係だろうか」とつぶやき，「比例」「反比例」「1次関数」「それ以外の関数」という生徒からの反応を取り上げ，「比例？　反比例？　1次関数？　それ以外？」と板書しておいた。

(3) **個人で考える**

通話時間と料金の関係を「表」や「式」で調べている生徒を見つけ「関係を調べる方法は？」と学級全体に問いかけた。生徒が「表・式・グラフ」と答えたので，「どれか選んで調べてごらん」と言って個人思考を促した。

少し時間をおいてから「何を使って調べているの？」と全体に問いかけ，最も多かった「表」を用いて全体で考えていくこととした。2社の10分ごとの表を作成することとし（50分まで），通話時間を x，料金を y としたときの「式」も考えることとした。

(4) **学級全体で考え，料金が同じになる時間を確認する**

2社の「表」と「式」を生徒に黒板で説明させたあと，もう一度「どちらがお得？」と発問した。生徒が「通話時間によって変わる」と再び答えたので，「何分まではUA社が得なのか？」と問い返した。「グラフをかけばわかる」「表の続きをかいたらわかる」「式を使って料金が同じになる時間を求める」という考えが出されたので，次に「グラフ」をかいて確かめることとし，2社の「グラフ」を完成させた。生徒は，2社のグラフの交点から「150分まではUA社の方が安い」とすぐに読み取ることができた。そこで，「料金が等しくなる時間を他の方法で求められないか？」と発問した。式を用いて求

めていた生徒が「2つの式の連立方程式で求めた。」と発言したので,学級全体でその解を求めた。

(5) **問題を解決する**

本時の学習を振り返り,「通話時間が150分までのときはUA社の方が安い」「通話時間が150分のときは2社の料金は等しい」「通話時間が150分より多いときはCodomo社の方が安い」ということを全体で確認した。

(6) **学習内容の定着を図る**

3社目の「ホワイトドック社」(基本料金5000円, 1分ごとの通話料10円)を設定し,「UA社の方が安いのは何分までになるのか」を考えさせた。「式」と「グラフ」を用いて解決し,学習内容の定着を図った。

3 授業後の考察—「よい授業」の視点から—

生徒が主体的に取り組み,考え続けたか

生徒全員が,「答えはどうなるのだろう?」「考えてみよう!」というように,意欲をもって学習に取り組むことができるには,問題や予想がきっかけとなることが多い。今回の授業は,生徒の身近な携帯電話を取り上げたことで,「通話時間によってどちらが得なのかは変わる」ということを,「表」や「式」,「グラフ」で説明しようと,最後まで考え続けることができた授業となった。

目標が達成されたか

通話時間と料金の関係を「表」から考えさせたことは有効であった。「表」から1次関数であると判断し,多くの生徒が「式」をつくることができた。また,2社の料金が逆転する様子を「グラフ」から読み取り,「式」を用いて料金が同じ時間を確かめることができた。「なるほど!」「お〜逆になった!」という生徒の反応からも,「表」「式」「グラフ」それぞれのよさを生徒が感じることができたのではないかと考える。また,携帯電話会社を3社設定したことで,難易度が適度に上昇し,ほぼ全員の生徒が,自力で解決することができた。

(沼澤)

授業例⑰ 第2学年　　　　　　　平行と合同
図形の性質の確かめ方（証明の意味）

　この授業では，具体的な数値を求める問題を通して，本単元で学習してきた図形の性質を根拠としながら証明の意味を理解するとともに，図形の学習への興味や関心を一層高めるようにしたいと考えた。前時までに平行と合同に関わる基本的な知識や技能を身に付けており，本時は図形の性質を正しく説明するために「証明」が必要であることを理解する1時間である。

① 授業前の検討―「よい授業」を行うための要件について―
要件①　本時の目標

・証明することの必要性とその意味を理解する。

　証明の意味を理解するためには，その根拠となる事柄を明確にするとともに，問題の解決を通してその意味を実感させることが重要である。そこで，本時の目標を上のように設定し，次のような工夫を取り入れることとした。
・具体的に角を求める問題を通して，説明しなければならない場面を設ける。
・自分なりの図をかかせることで，一般化する必要性につなげる。

要件②　問題と問題提示

　この授業では，数値を問うタイプの決定問題を提示し，答えを予想させることで解決への必要性を高めることにした。また，3つの角をあえて単純な値にし，誤答を生かしながら問題を解決できるように工夫した。

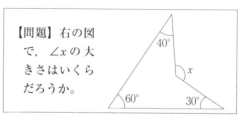

【問題】右の図で，∠xの大きさはいくらだろうか。

　直観的に予想させると，多くの生徒が130°と答えることが想定できる。そ

こで「なぜ130°になるのか」「いつでもたせば求まるのか」ということから提示し，証明することの意味を理解させたいと考えた。また具体的な操作活動を意図して，問題の図は画用紙を切った四角形を黒板に貼ることにした。

要件③ 考えの取り上げ方

論証の意味を理解させるために，考えさせる場面では，図を指し示しながら言葉で説明したり，○や△などの記号を使って説明していく活動を重視することにした。また，考えを取り上げる際には，黒板の図に視覚的にわかるような工夫を取り入れ，言葉や記号で説明しやすいように配慮した。さらに，証明を行う際には，意図的に2つの方法だけを選んで全体で説明するようにして，証明の意味が確実に理解できるようにした。

2 授業の実際

(1) 問題を把握し，答えを予想する

最初に凹型四角形の図を黒板に貼り，それぞれの角の大きさをかき入れた。最後に∠xをかき加え，図を見せながら「∠xは何度だろうか？」と問いかけて問題を板書した。直観的に予想させると，生徒からは130°と120°の予想が出された。そのあとに問題を配付し，ノートに貼るよう指示した。

(2) 個人で考える

∠xの求め方を考えさせた。机間指導の途中で，右のような考えを取り上げ，具体的な操作活動を取り入れながら「答えは130°になりそうだ」ということを確認した。しかし，「多少の誤差がありそうだ」「角度を集めても正確かどうかわからない」などの理由から実測することは不正確であることを確認し，他に説明する方法を考えさせた。

・分度器で角度を測る。
・正確な図をかいて角を切って合わせる。

少し時間を与えると，補助線を引いて考える生徒が出てきたので，数名を指名して補助線だけを板書させた。これを参考に考えさせると，他にもいく

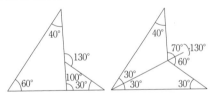

つかの方法が生徒から出された。

(3) **課題を理解し，考える**

いくつかの考えを説明させたあと，「答えを求めるためには，$\angle x$の大きさが3つの角の和になる」という生徒の発言に着目した。そこで，「どんなブーメラン型でも，3つの角の和は$\angle x$の大きさに等しくなるのだろうか」と改めて問いかけ，課題を明確にした。「なりそう」という声が挙がったので，ノートに新たな凹型四角形の図をかかせ，○△×などの記号を使って考える時間を与えた。ここでは，説明を記述することができなくても，記号を使いながら口頭で説明してもよいことにした。生徒からは，次のような説明をはじめとして，4つほどの方法が出された。

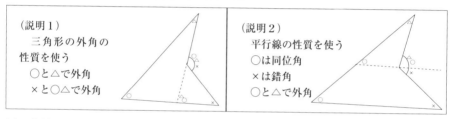

(説明1)
　三角形の外角の性質を使う
　○と△で外角
　×と○△で外角

(説明2)
　平行線の性質を使う
　○は同位角
　×は錯角
　○と△で外角

(4) **全体で課題を解決する**

黒板の図を見せながら，実験・実測による説明の仕方と記号を用いながら説明する方法の違いを確認した。生徒からは，「○△×の方がわかりやすい」

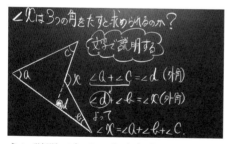

「角度を測る必要がない」「どんなブーメラン型の四角形でも説明ができる」との声が挙がった。

さらに授業の終盤では，文字を用いて証明する活動を取り入れた。先ほどの記号を用いた場合と同じように説明できることを知り，図形の性質を一般化することへの意識が高まり，証明することへの必要感が高まっていた。

(5) **学習の理解を深める**

本時の学習の確認として，次頁の確認問題を与えて考えさせた。$\angle x$の大

きさを求める計算を行うだけではなく，図形の中にある関係に着目させ，教師と生徒とのやりとりを通じて説明する活動を取り入れた。

　教科書をもとに証明の意味を押さえ，まとめとして教科書にラインを引かせた。また，図形の性質を確かめるためには，証明することが必要であることを教科書をもとにしながら押さえた。最後に，証明するために根拠となる事柄として，三角形の内角の和の性質や外角の性質，平行線と角の性質などについて丁寧に確認した。

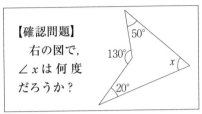

3　授業後の考察—「よい授業」の視点から—

生徒が主体的に取り組み，考え続けたか
　既習内容を活用させたり自分で図をかきながら一般化の考えにつなげていくことで，追究意欲を高めながら主体的に取り組んでいる生徒が数多くいた。また，「130°になりそう」という直観的な予想をもとに，本時の課題を自然な形で引き出すことができた。視覚的に捉えやすい凹型四角形を扱ったことや，多様な解決方法が含まれていたことが，「考えたい」「理由を探したい」といった気持ちにつながり，課題解決に向けて生徒は考え続けることができた。

目標が達成されたか
　最初に提示した問題を解決するだけでは，証明することの意味は十分に伝わらない。そこで，図形を一般化して自分なりの方法で説明する場面を取り入れた。さらに，お互いに説明し合う活動を取り入れたことで，集団解決の中で証明することの必要性とその意味を理解させることができた。本時では，「なぜ130°になるのか」「いつでも3つの角をたせば求まるのか」などといった教師の意図的な発問により，課題解決に向けた思考活動が充実されたことから，本時の目標が達成されたと考える。
　一方で，上位の生徒に対しては口頭で説明するだけではなく，証明をノートに記述させるなどの工夫を取り入れていくことが必要だと感じた。(谷地元)

授業例⑱ 第2学年　　　　　　　　　平行と合同
図形の性質の利用（星形五角形）

　この授業では，星形五角形の先端にできる角の和を求める活動を通して，既習図形の性質を根拠としながら角の和を求める方法を考えるとともに，図形の学習への興味や関心を一層高めるようにしたい。前時までに平行線の性質や図形の角に関する基本的な知識や技能を身に付けている。本時ではそれらを適切に活用し，問題解決していくことのよさを感じさせたい。

1　授業前の検討―「よい授業」を行うための要件について―

要件①　本時の目標

・星形五角形の先端にできる角の和の求め方を説明できる。

　星形五角形の先端にできる角の和の求め方を説明できるようにするためには，その根拠となる性質になぜ着目したのかを，図形の特徴に立ち返り理解することが重要である。また，自分なりの表現で満足することなく，他者との関わりの中で，表現を洗練していくことが大切である。そこで，本時の目標を上のように設定し，次のような工夫を取り入れることとした。

・星形五角形を観察させ，既習の図形がどこに見つかるかを問う。
・自力解決のあと，小グループ内で説明させ合ったり，小グループごとの考えを全体で比較させ合ったりする中で，表現を洗練させる。

要件②　問題と問題提示

　この授業では，具体的な数値を問うタイプの決定問題を提示した。あえてそれぞれの角の値を与えないことで，分度器を用いた実測や，既習の図形の性質を用いて求めようとする，といった生徒の反応が予想される。ここでは，特に条件を与えているわけではないのに，角の和が180°になる不思議さに触れさせた上で，「いつでもそれが成り立つか」「星形五角形の中に今まで学ん

できた図形は見つかるか」と発問し，生徒が説明したいと思える展開をしたいと考えた。また，図形は定形のものをプリントで与えるが，終末部分でICT等を活用することによって，点を移動させた場合についても触れることで，いつでも成り立つことについて理解を深めさせることにした。

【問題】右の図の星形五角形の先端にできる角の和は何度になるでしょうか。

要件③ 考えの取り上げ方

見通しをもつ場面では，星形五角形の中に見出される既習の図形について取り上げ，その図形のもつ典型的な性質（既習事項）を全体で確認することにした。また，生徒とやりとりをする時間を十分に確保し，補助線を用いる考え方を生徒から引き出させることにした。

グループの代表意見を全体で発表する場面では，あらかじめ図や簡単な式による説明をまとめた発表用紙を全体で共有し，考え方が近いものを分類整理させることにした。また，それぞれのグループの発表に対して，互いに比較や補足をさせ，表現を洗練させることにした。

2 授業の実際

(1) 問題を把握し，答えを予想する

小単元のまとめとして行ったため，多くの生徒が既習の考えを用いて問題解決を図ろうとした。実測を行った生徒から180°だという驚きの声が漏れると，他の生徒もこぞって実測し確認するとともに，なぜだろうと考え始めた。

星形五角形の中から見出される「今まで学んできた図形」として，次ページの表の①から⑥までを予想した。①～④はすぐに見つかった。③や④については見つかると同時に解法に気づく生徒もいた。⑤については，教室前面に掲示してあった図形の性質と改めて比較させることで気づかせることができた。⑥については出なかったので，終末部で扱うことにした。

(2) 個人で考える

それぞれが見つけた既習の図形をもとに，角の和の求め方を5分間考えさ

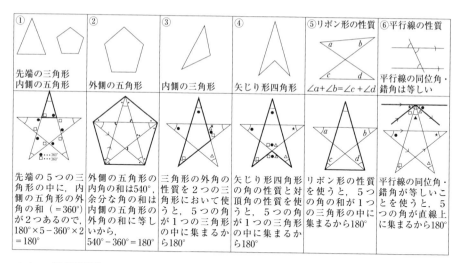

①	②	③	④	⑤リボン形の性質	⑥平行線の性質
先端の三角形 内側の五角形	外側の五角形	内側の三角形	矢じり形四角形	$\angle a + \angle b = \angle c + \angle d$	平行線の同位角・錯角は等しい
先端の5つの三角形の中に，内側の五角形の外余分な角の和は内側の五角形の内角の和（＝360°）が2つあるので，180°×5－360°×2＝180°	外側の五角形の内角の和は540°，余分な角の和は内側の五角形の外角の和に等しいから，540°－360°＝180°	三角形の外角の性質を2つの三角形において使うと，5つの角が1つの三角形の中に集まるから180°	矢じり形四角形の角の性質と対頂角の性質を使うと，5つの角が1つの三角形の中に集まるから180°	リボン形の性質を使うと，5つの角の和が1つの三角形の中に集まるから180°	平行線の同位角・錯角が等しいことを使うと，5つの角が直線上に集まるから180°

せた。机間指導では，つまずきのある生徒に対しては板書を見させ，「どの図形に着目するか」と問い，方針をもたせた。解決した生徒に対しては，図や式を用いた説明を考えさせるとともに，他の解決方法を探らせた。

(3) 小グループ内で説明し合い，表現を洗練する

4人組をつくらせ，自分の考えを説明させた。特殊な例を用いた説明（右図）をする生徒が見られたので，「いつでも成り立つか」と発問したところ，グループの中で議論が深まっていった。また，

○特殊な例を用いた不十分な解答
・内側の五角形を正五角形とすると，1つの外角の大きさは72°。よって1つの先端の角は36°となり36°×5＝180°

全体から部分を引いたり，複数の考えを組み合わせたりするなど，自分の中にはなかった考えを他者から学び，新しい解法に気づいた生徒もいた。

発表用紙にまとめる際には，図や式を用いて考えを整理していく中で，着目した図形や既習の性質が明らかになり，表現が洗練されていった。

(4) 全体で解決方法を発表し，吟味する

発表用紙を考え方ごとにまとめ，それぞれの発表を聞かせながら，説明や考え方のよさを比較させた。①②は図だけでなく式を対応させた方がわかりやすく，③④⑤は5つの角を1つの三角形の中に集めているという共通点が

見つかった。星形五角形の先端の角の和のような複雑なものについても，既習の図形の性質を活用することで求めることができることをまとめとした。

(5) 学習の理解を深める

角の和が180°になることに再び注目し，③④⑤では5つの角が1つの三角形の内角（＝180°）に集まることを確認した。ここで，他に180°という角の大きさをもつ図形はないかと発問したところ，平行線の性質を用いて5つの角を直線の角に集める⑥の解法を引き出すことができた。

今回は定形の星形五角形で議論してきたため，「点が移動しても同じことがいえるだろうか」と発問し，ノートに自分なりの星形五角形をかかせ，確認させた。さらにICTを活用して図形を動的に見せると今まで考えてこなかったような図形においても，本時の考え方が適用できることがわかり，驚きの声が出た。学習をさらに深めるためにレポート課題を提示し，他の解法や，他の星形多角形の場合についてまとめさせた。

3　授業後の考察―「よい授業」の視点から―

生徒が主体的に取り組み，考え続けたか

見通しをもつ過程で高めた興味関心を維持しながら，説明し合う活動の中で，生徒は常によりよい解を探そうとしていた。また図形を動的に見たことで，課題の発展性が見え，レポートにも積極的に取り組んでいた。このような点から，主体的に取り組み，考え続けようとする態度を育めたと考える。

目標が達成されたか

見通しをもたせる場面で既習の性質等を確認したことで，ほとんどの生徒が自分なりの考えをもち，小グループ内で説明し合う活動に参加することができた。積極的に机間指導をすることで，グループごとに視点を明らかにした説明ができるようになっていった。これらのことから，多くの生徒にとって目標を達成することができたと考える。しかしレポートの内容が不十分だった生徒もおり，きめ細かな評価と支援との必要性を改めて感じた。

（岸本）

授業例⑲ 第2学年　　　　　　三角形と四角形

作図と証明

　ここで取り上げる授業は，与えられた2点を頂点とする正方形をいろいろ作図し，それが正方形になっていることを証明する授業である。中1で作図の活用として同じ問題を扱ったが，作図した図が正方形になることを説明するのは容易ではなく，中2でもう一度考えることを告げていた。本授業は，中2の「三角形と四角形」を学習後の活用の場面の授業として位置づけ，中1では難しかった「正方形となることを証明する」ことに重きをおき，2時間計画で行った。

1　授業前の検討—「よい授業」を行うための要件について—

要件①　　本時の目標

- 2点A，Bを頂点とする正方形をいろいろ作図する。
- 正方形になっていることを，図形の性質を根拠にして証明する。

　自分で，条件を満たす正方形をいろいろ作図させ，正方形になっていることを図形の性質を使って証明することをねらいとした。その際，作図の過程を丁寧に振り返るとともに，作図からわかる辺や角の関係に着目させ，証明へとつなげていきたい。友達と自由に交流する中で，証明の必要性に気づかせ，証明を洗練していきたいと考えた。

要件②　　問題と問題提示

【問題】2点A，Bを頂点とする正方形をいろいろな方法で作図しよう。また，その方法で，正方形が作図できていることを証明しよう。

・B
・A

142

この問題は,「3点A, B, Cを通る正方形の作図」の実践（髙橋ほか, 2012）をもとに, 生徒の実態に合わせてアレンジしたものである。問題と点A, Bが書かれた学習プリントを用意し, 自由に作図や証明を考えられるようにした。

要件③　考えの取り上げ方

　2点A, Bを頂点とする正方形の作図を個人でいろいろ考えさせたあと, 黒板に貼った模造紙に作図させた。作図のはじめの部分を確認したあと, 他の作図方法はないか尋ねて, 同じ作図にならないように配慮した。証明についても黒板の模造紙に書かせ, 授業者が説明するのではなく, 証明を書いた生徒に説明させた。2時間計画の授業であったため, 次時にもそのまま使えるようにと考え, 模造紙を利用した。

2　授業の実際

(1) 問題を把握する

　中1で同じ作図を扱ったこと, 正方形になる理由の説明は難しかったことを思い出させ, 今回は「証明していくこと」を確認し, 問題を提示した。

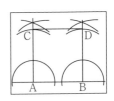

作図(ア)

(2) いろいろな方法で作図し, 発表する

　2点A, Bを通る正方形を自由に作図させた。あとの証明に時間がかかることが予想されたので, 作図を考えさせるのはある程度の時間で切り上げ, 発表させた。いろいろな作図を考えていたが, 生徒が発表した作図は, 主に,（ア）～（ウ）の3通りである。昨年度と同様に, 線分ABを1辺とする方法と対角線とする方法の両方が出された。

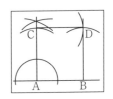

作図(イ)

(3) 仮定を確認し, 正方形であることを証明する

　まず, 作図（ウ）を取り上げ, 作図の手順と仮定を確認した。これについては, 中1で説明済みであったため, 生徒とのやりとりの中で, 4つの直角三角形に着目させ, 正方形であることを確認した。

作図(ウ)

第2章　数学の「よい授業」, 27の授業例　　143

次に，作図(ア)(イ)について，仮定を式で表すよう促し，クラス全体で確認した。ほとんどの生徒が，作図をもとに，垂直になる辺や等しい辺を式で表していて，中1のときのような抵抗は感じられなかった。そして，しばらく時間をとり，作図(ア)(イ)それぞれが正方形となっていることを証明させた。

(4) 証明を発表し，検討する

黒板に張った模造紙に証明を書かせ，説明させた。

まず，作図(ア)について，1人が説明し，もう1人が図に直角や等長，平行などのマークを入れながら説明した。仮定から，四角形 ABDC が平行四辺形であることを導き，その対辺，対角がそれぞれ等しいことから，仮定で示されていない残りの2つの角が直角であること，残り1辺も他と等しいことを示し，正方形になることを証明した。その際，証明には書かれていない「AB の延長を E とすること」や，どれが同位角なのかも加え，聞き手を意識し，わかりやすく説明した。証明の中には，四角形「ABCD」とあったが，授業者の指摘により誤りに気づき，「ABDC」と訂正した。

次に，作図(イ)について，図を使って，直角や等長，平行記号などを書き込みながら説明した。次頁の図には点 B を中心とする円が見えるが，これは作図を発表する際，生徒が誤ってかいたもので，消そうとした跡が残っている。証明は，まず仮定から四角形 ABDC が平行四辺形であることを導き，その対角が等しいことから，∠A＝∠D＝90°を説明した。(ア)の証明を発表した生徒と同様に，証明には書かれていないが，「平行四辺形の対角は等しいから」という理由を加えて説明していた。次に，平行線の同位角を使って，∠A＝∠DBA＝90°となることを説明しようとしたが，「同位角が等しいから平行」なのか「平行

だから同位角が等しい」のか曖昧であったため，授業者が促し，「平行四辺形の対辺だから平行で，その同位角は等しいから90°になる」ことを確認した。生徒は，「4つの角が等しく，4つの辺が等しいので，四角形ABDCは正方形」と証明をまとめようとしたが，授業者が図をもう一度確認させ，「∠DBAの対角だから∠C＝90°」となることを加えて説明を終えた。

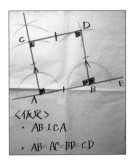

(5) **授業を振り返り，感想をまとめる**

生徒が書いた感想には，「証明することによって，図形の性質や作図した図形が本当に合っているかを確かめられる楽しさがわかったのでよかった」などがあり，証明の必要性や楽しさに触れているものが多く見られた。

3 授業後の考察―「よい授業」の視点から―

生徒が主体的に取り組み，考え続けたか

中1で扱った題材を再度取り上げることに多少の危惧はあったが，友達と相談しながら証明を考え続ける生徒の姿が見られた。生徒の感想からわかるように，自分の力で説明できるようになったという実感があり，学習意欲の高まりや，証明の意義や方法の理解へとつながったといえるだろう。

目標が達成されたか

十分な時間をとることはできなかったが，生徒は自分でいろいろな作図を考え，証明に取り組んでいた。証明を書かせたあとに，クラス全体に向けて説明させることで，言葉を補ったり，曖昧な部分を確認して修正したりして，証明を洗練させることができた。また，発表を聞くことで，自分が書いた証明を振り返り，不十分な点を補い，証明を完成させることもできた。

〈参考文献〉
坂本健司，高橋達也，國宗進（2012）「中学校第1学年における数学的推論能力の育成―説明する活動を重視して―」静岡大学教育学部附属教育実践総合センター紀要

(望月)

授業例⑳ 第2学年　　　確率

いろいろな確率

　試行を通して生まれる「どうしてなの？」という思いは，一人ひとりの追究の動機付けとなる。だからこそ，本単元ではさいころや色玉などを利用した多数回の試行を取り入れた授業を大切にしたい。

　本時は，図や表を用いて確率の範囲や2枚の硬貨の表裏の確率の求め方を学習したあとに設定した1時間である。

1　授業前の検討—「よい授業」を行うための要件について—

要件①　本時の目標

・表を用いて場合の数を数え上げ，それをもとに確率を求めることができる。

　本時は「試行を通して関心を高め，予想とは異なる結果について表を用いて検証する授業」である。確率を求めるためには，(1)起こりうるすべての場合の数を求められること，(2)そのどれもが同様に確からしいこと，(3)事象Aが起こる場合の数を求められること，が必要となる。起こりうるすべての場合の数が36通りになることと，最も起こりやすい和がいくつなのかを視覚的に理解させたいと考え，上のように目標を設定した。

要件②　問題と問題提示

【問題】
　2つのさいころを投げる。
　「出た目の和」が一番多くなるのはいくつだろうか？

　教科書を比較してみると，多くの教科書でこの問題を扱っている。予想のしやすさとともに，結果が予想と異なる点が題材としてのおもしろさといえ

る。問い方については，確率を聞くのではなく「2から12の中に答えはあるけれど，その中のどれになるかな？」と問うことで，どの生徒にとっても答えやすく考えやすい問題になると考えた。

要件③　考えの取り上げ方

　個人で考える時間をとった後，全体で解決する場面では2つの考え方を〈表1〉そして〈表2〉の順番で取り上げようと考えた。

〈表1〉

2	3	4	5	6	7	8	9	10	11	12
(1,1)	(1,2)	(1,3)	(1,4)	(1,5)	(1,6)	(2,6)	(3,6)	(4,6)	(5,6)	(6,6)
	(2,1)	(2,2)	(2,3)	(2,4)	(2,5)	(3,5)	(4,5)	(5,5)	(6,5)	
		(3,1)	(3,2)	(3,3)	(3,4)	(4,4)	(5,4)	(6,4)		
			(4,1)	(4,2)	(4,3)	(5,3)	(6,2)			
				(5,1)	(5,2)	(6,2)				
					(6,1)					

〈表2〉

	1	2	3	4	5	6
1						
2						
3						
4						
5						
6						

　〈表1〉をまず取り上げようとする理由は，「7が多いのはどうしてなのか？」という疑問を視覚的に理解させた方がよいのではと考えたためである。〈表1〉を用いれば，中央部にいくほど組み合わせが多くなることは一目でわかる。ただ，すべての組み合わせが36通りであることや，(3，4)(4，3)に対して(2，2)はどうして2組存在しないのかという疑問を抱く生徒も予想される。そこで，誤答や疑問を積極的に取り上げ，〈表2〉を用いてそれらを1つずつ解消していこうと考えた。

2　授業の実際

(1)　問題をつかみ，答えを予想する

　実際に2個のさいころを投げてみせた。その後，「2つをたすといくつになっている？」と問いかけ，もう一度だけ繰り返し行った。「目の和の中で，一番小さい（大きい）数はいくつになるかわかるかな？」と，生徒に発言させる機会を設けて題意を理解させようと努めた。予想させると，5や10は多く挙がるのだが，7という予想はあまり挙がってこなかった。直後に，「さいころをたくさん振ってどの予想が正しいか確かめてみようか？」と伝えた。

(2) 4人1組での実験を行う

用具の配布に始まり,試行や集計の仕方まですべてを手際よく行わせるために,例を示しながら短く説明・指示を行った。すべてに要した時間は全部で7分程度であった。わずかな時間ではあったものの,どのグループも40回以上は行うことができていた。中にはこちらの予想に反して,7以外が最も多く現れるグループも存在した。

紙コップにラップをかけても十分代用品となる

それぞれの結果をすべて発表させ,その都度パソコンに入力していった。データ数が増えていくごとに,棒グラフの中央部が盛り上がっていく様子を見て,生徒からは「お～」と感動ともいえる驚きの声が挙がっていた。

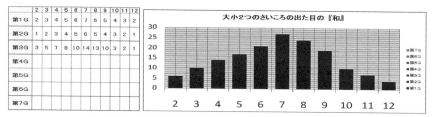

(3) 課題をつかみ個人で考える

「どうして7が多くなるのか。理由を考えよう！」と課題を提示した。その後,個人で考える時間を与えながら生徒の取り組み状況を把握した。手を動かすことができない生徒が数名いたため,他の生徒のノートから「パターン」「組となるもの」というキーワードを拾い上げて,全体に広めることにした。それを耳にした数名の生徒が手を動かし始めたのでもう少しだけ時間を与えたところ,「この書き方でいいのかなあ？」とか「きれいに並べてみよう」「これなら全部書けそうだ」という声が聞こえてきた。表を活用する必要性を見いだしながら,どの生徒も自力で解決しようと努めていた。

(4) 全体で問題を解決する

計画通り〈表1〉から取り上げ,〈表2〉へと移っていった。本時においては樹形図を用いる生徒はいなかったが,それぞれの表を用いて7が最も多

くなる理由を説明していった。〈表1〉を板書していく際には，組み合わせの一部分を生徒に書かせ，残りは数学を苦手とする生徒を中心に発表させながら，和が7となる場合が最も多く現れることを確認した。

(5) 学習の理解を深める

「2つのさいころを投げたとき，和が7となる確率をどのように表したらいいだろうか？」と問いかけた。それ以外にも，作成済みの表を用いれば求めることができる「和が10になる確率は？」など36通りの中から事象Aが起こりうる確率を求める問題を与え，それらの考え方を確認していった。その後，教科書にある練習問題を2問扱った。同じ表でも，〈表2〉の方が使いやすいなど，問題に応じた使い方を意識して取り組む様子が見られた。

3 授業後の考察―「よい授業」の視点から―

生徒が主体的に取り組み，考え続けたか

問題が理解しやすい内容であること，答えが大半の予想と反したことに「どうして？」という思いを抱き，継続して問題解決にあたる姿が見られた。また，試行を取り入れたことで，実感のともなった課題となったことも主体的に取り組むことへつながった。それ以降も友達の意見に耳を傾けながら自分なりに表を含めた解決方法を探ることができており，課題解決に向けて生徒は考え続けることができていた。

目標が達成されたか

「和が7となるものだけ」を数えていた生徒も最初はいたが，すべての場合の数を求めるための方法として表が有効であることを見いだし，問題の解決にあたることができていた。授業終わりの練習問題では，問われている内容に応じて表を使い分けながら問題の解決にあたる姿も見られるまでになっていた。授業後に感想を聞くと，「表さえつくってしまえば簡単だ」という発言が多く聞かれるなど，本時の目標を達成することのできた授業となった。

(鈴木)

授業例 ㉑ 第3学年　　　　平方根

平方根の大小

　この単元では，数が無理数に拡張される。平方根の計算の定着や習熟はもちろん，平方根の必要性や意味理解が大切であることから，単に覚えさせるのではなく，多様な考えをもとに，確かな理解を図る指導が必要である。

　前時までには，「平方根の意味」と「根号を使った平方根の表し方」を学習している。

1　授業前の検討—「よい授業」を行うための要件について—

要件①　本時の目標

・いろいろな考え方で平方根の大小を比較し，判断することができる。

　この授業は，既習内容をもとにして，多様な考えで平方根の大小を比較し，$0<a<b$ ならば $\sqrt{a}<\sqrt{b}$ であることを根拠に平方根の大小を判断することがねらいである。課題を解決していく過程を通して，判断する根拠を理解し，それを用いて説明する力を身に付けることができる授業にしたい。

要件②　問題と問題提示

【問題】
　$\sqrt{2}$, $\sqrt{5}$, 2　の中で，最も大きい数はどれですか？

　3つの数の中から，最も大きい数を1つ選ぶという決定問題の形にした。3つの数を提示することで，2つの数の比較よりもより多様な考え方を引き出すことができると考えた。数値については，多様な考え方で意欲的に問題を解決しようとする生徒の姿を期待し，生徒全員が直観で予想できる数値にすることとした。

> 要件③ 考えの取り上げ方

　$\sqrt{5}$と予想する生徒が最も多く，$\sqrt{5}$と2の大小関係が判断できない生徒が多いと考えた。そのため，一度に3つの数を比較させるのではなく，$\sqrt{5}$と2の大小関係に絞って個人思考させ，その考えを生かして3つの数を比較させることとした。机間指導で「本当に？」「もっとわかりやすい考え方はない？」とつぶやきながら，よりわかりやすい考え方を考えさせていく。

　考えの取り上げる順は，次の通りである。
　（その1）近似値を求めて考える
　（その2）それぞれの数を2乗して考える
　（その3）$\sqrt{a}$の形で表す

　近似値で判断する考えを最初に取り上げ，問題の答えを確認する。しかし，この方法だとルートの中の数によってすぐには判断できないため，他の方法を紹介させ，考え方を比較しながら，判断するための根拠と，よりわかりやすい考え方を確認する。

2 授業の実際

(1) 問題を理解し，予想する

　最初に3つの数を提示し，「最も大きい数はどれか」と板書した。予想させると，$\sqrt{5}$と答える生徒がほとんどであり，簡単に理由を聞くと「数が大きいから」という理由が最も多かった。

(2) 課題をつかみ，個人で考える

　$\sqrt{2}$と$\sqrt{5}$ではどちらが大きいかと聞くと，全員の生徒が$\sqrt{5}$と答えた。$\sqrt{5}$と2の大小がわからないという生徒の反応を取り上げ，「$\sqrt{5}$と2ではどちらが大きいか説明しよう」という課題を設定し，個人で考えさせた。考えさせてから1～2分後に近似値を使った考え方を取り上げた。しかし，近似値は小数第2位の値を求めることが大変なことや，覚えるのは

困難であるという考えを引き出し，もっとわかりやすく比較できる方法はないかを考えさせた。

(3) **集団で考える**

机間指導をしながら，どの生徒がどの考えをしているのかを把握し，指名計画を立てた。黒板に（その2）と（その3）を板書し，2名の生徒を指名して考え方を黒板に書かせた。（その2）は，それぞれの数を2乗して大小を比較する考え方，（その3）は，それぞれ数を√を使った数で表して比較する考え方である。同じ考えの生徒を指名し，どのような考え方なのかを説明させたあと，それぞれの考え方にタイトルをつけさせた。

(4) **全体で課題を解決する**

「（その1）〜（その3）の解き方で，どの考え方がよいと思いますか？」と聞くと，「近似値の考えは使いづらい」「（その2）と（その3）はどちらも2乗しているから変わらない」という2つの返答が多かった。ここではどちらの方がよいかをまとめずに，もう一度問題に戻り，「$\sqrt{2}$と$\sqrt{5}$では本当に$\sqrt{5}$の方が大きいか？」と問い返し，理由を考えさせた。

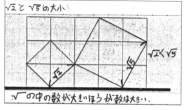

すると（その2）の考え方を生かし，「ぞれぞれの数を2乗するとよい」という考えが多かったため，それぞれの数を2乗し，教科書を用いて「$0<a<b$ならば$\sqrt{a}<\sqrt{b}$である」ことを確認した。また，教科書には正方形の1辺の長さを比較する考え方があることから，正方形を作図させて$\sqrt{2}$と$\sqrt{5}$の大小を比較した。

(5) **学習の理解を深める**

確認問題として，2問を考えさせた。どの考えを使って解いてもよいことを伝えたあと，机間指導しながら生徒がどのような考えで問題を解いている

のかを把握した。ほとんどの生徒が（その３）の方法で問題を解いており、「なぜ（その３）の方法で考えたのか？」と問い返すと、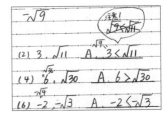
「片方の数だけ計算すればよい」「負の数を２乗すると逆になるので間違える」という考えが出て、（その３）の考え方のよさを全体で共有した。

(6) 練習問題に取り組む

教科書の問題を用いて、練習問題に取り組ませた。答えだけではなく理由を生徒に説明させる中で、負の数の場合の表し方についても確認した。

③ 授業後の考察—「よい授業」の視点から—

生徒が主体的に取り組み、考え続けたか

どの数が一番大きいのかというシンプルな問題ではあるが、解決のための方法を多様に考えることができるため、答えはわかっていても主体的に考え続ける授業であった。多様な考えを意図的に説明させることによって、自分の考えと比較し、よりわかりやすい考え方がないかを追求する姿が見られた。

確認問題では負の数を扱うことにより、どの考え方で考えればよいのかを全体で検討することができた。

目標が達成されたか

この授業では、根拠を明らかにして多様な考えを説明し合う活動が充実し、本時の目標が十分に達成された。確認問題や練習問題では、課題解決で学習したことを振り返り、すべての生徒が数の大小を判断することができた。

１つの考え方で問題を解決するのではなく、多様な考えをもち、その考えを比較しながらよりよい考えで問題を解決しようとすることが大切である。このような授業を日常的に行うことが数学的活動の充実につながり、数学的な見方や考え方を高めていくことができると感じた。

（若松）

授業例 22　第3学年　　　関数 $y=ax^2$

関数 $y=ax^2$ の意味

　この授業は，単元「関数 $y=ax^2$」の1時間目に設定した。ともなって変わる2つの量の関係を表や式で表しながら「関数 $y=ax^2$」の意味を理解させ，「関数 $y=ax^2$」への興味や関心も高めようとした1時間である。

1　授業前の検討—「よい授業」を行うための要件について—

要件①　本時の目標

> ・ともなって変わる2つの量の関係を表や式で表す過程を通して，関数 $y=ax^2$ の意味を理解する。

　2つの数量関係を数学的に捉えるためには，表・式・グラフを関連づけて考える必要がある。生徒が，主体的にそれらを活用してどのような関数であるか判断するためには，「どんな関数か調べてみたい」といった意欲をもたせる必要がある。そのため，ともなって変わる数量を見つけることを重視し，生徒の取り組みやすい表や式で表す過程を通して，「関数 $y=ax^2$」の意味を理解させることをねらいとした。

要件②　問題と問題提示

> 【問題】図のように，1辺が2cmの正方形を使って，段数を増やしていく。段数が増えると，どんな数量がともなって変わるだろうか。
>
> 1段　2段　3段　…

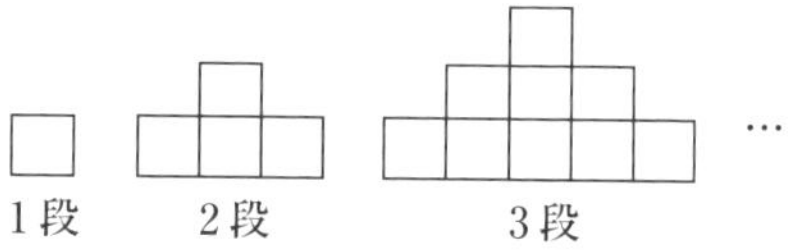

　この授業では，段数にともなって変化する数量を見つけさせる問題を扱う。その主な理由は次の3点である。

(1) すべての生徒が何らかの解決ができる問題であること。

これから始まる新しい関数の学習に対して,「考えてみよう」「できそうだ」などという関心・意欲につながると考えた。

(2) 生徒の予想から,「比例」「1次関数」「関数 $y=ax^2$」を同時に扱うことができること。

「関数 $y=ax^2$」の意味を理解するためには,他の関数との違いを明確にすることが必要である。「比例」や「1次関数」との変化の様子の違いや,式の比較を通して「関数 $y=ax^2$」の意味を理解させたいと考えた。また,授業の中で,「比例」「1次関数」を振り返ることができることもメリットだと考えた。

(3) 「問題」を確認場面で活用できること。

正方形の1辺の長さを2cmとすることで「個数」と「面積」に違いが生じるので,「個数」で関数 $y=ax^2$ を理解したあとに,確認問題として「面積」を扱えることができると考えた。

また,問題提示は板書で行い,生徒自身に図を含めてノートに記入させるようにした。問題の図を実際にかく経験が,段数にともなって変化する数量を考えるときの思考の拠りどころとなると考えたからである。

要件③ 考えの取り上げ方

「比例」「1次関数」との比較を通して理解させるために,生徒から出てくる様々な予想の中から,意図的に「高さ(比例)」「底辺の長さ(1次関数)」「個数(関数 $y=ax^2$)」を取り上げる。また,表で考えさせる場面では,3つの関数を同時に考えさせるため,未完成の表を3つ同時に板書し,生徒に段数と「高さ」「底辺の長さ」「個数」を並行して考えさせる工夫を行った。

2 授業の実際

(1) 問題を把握し,答えを予想する

1段のときの図と2段のときの図を黒板にかき,「3段のときはどうなるだろう?」と問いかけながら問題を提示した。3段のときの図を提示したときに,「だんだんと下に正方形が増えていく」という生徒の反応が見られた。

問題を提示し，すぐに生徒の考えを把握した。机間指導をしながら予想をノートにかいている生徒を見つけ，「○○くんは高さって考えたんだね。同じ考えの人は？」と質問し，人数を把握してから「高さ（○人）」と板書し，「他に2つ以上書き出してみよう」と指示した。

少し時間を与えると，次のような考えが出された。誰も思いつかないものを考えようとする生徒もいた。

高さ　個数　底辺の長さ（横幅）　周りの長さ　面積　頂点の数 重なっている辺の数　など

(2) 課題をつかむ

「段数とこれらはどんな関係だろうか？」と発問し，この中から，「高さ」「底辺の長さ」「個数」を取り上げて，段数との関係を調べることにした。その際には「予想した人数の多いものを扱うね」「一番最初に発表してくれたから」などと言いながら取り上げ，3つの関数を意図的に扱っていることを生徒に気づかれないようにした。また，生徒の発言をもとに，「比例？　反比例？　1次関数？　関数？　これ以外？」と板書しておいた。

(3) 個人で考える

机間指導の中で表や式を用いて調べようとしている生徒を見つけ，「表で考えているんだね」と周りの生徒に聞こえる声の大きさでつぶやいてから，「関係を調べる方法は？」と全体に発問し，「表」「式」「グラフ」というキーワードを生徒から引き出した。最も取り組みやすい「表」を用いて関係を調べることとし，「高さ」「底辺の長さ」「個数」の未完成の表を同時に板書して考えさせることにした。

(4) 学級全体で考え，段数とそれぞれの関係を確認する

少し時間を与えたあとで，段数が4, 5のときの図を全体で確認し，すべての表を完成させた。生徒は，完成した表を見ながら「段数 x」と「高さ y」の関係は比例であるとすぐに気づいた。その理由を確認しながら，段数を x，高さを y としたときの式を確認した。生徒は，表から一定の割合で底辺の長さが増加していることを見とり，「段数(x)」と「底辺の長さ(y)」の関係が

1次関数であるとすぐに気づいた。しかし，式にできない生徒が数名いたので，式について生徒に説明させながら，丁寧に確認した。

(5) 問題を解決する

表を用いながら「段数（x）」と「個数（y）」の関係を表で検討すると,「比例」や「1次関数」,「反比例」でもない自分たちの知らない新しい関数であることに気づいた。1人の生徒の「2乗になっている」との発言から，多くの生徒が関係を式にすることができた。$y=x^2$の式をもとにして教科書を参考にしながら，関数$y=ax^2$の意味や比例定数などを理解させた。

(6) 学習内容の定着を図る

さらに「段数」と「面積」の関係を表や式で調べることとし，学習内容の確認を行った。また，教科書の練習問題を用いて，学習内容の定着を図った。

3 授業後の考察—「よい授業」の視点から—

生徒が主体的に取り組み，考え続けたか

教師から一方的に与えられた課題を解決するのではなく，生徒に「課題を解決したいという必要感をもって学習に取り組ませる」ことが大切である。この授業では，生徒自身が考えたものを取り上げたことにより，「どんな関数だろうか」と課題をもち続け，最後まで考えることができた。また，取り上げることができなかった数量についても調べようとするなど，生徒が主体的に取り組むことができた授業となった。

目標が達成されたか

関数$y=ax^2$の意味を理解させるために，他の関数（「比例」「1次関数」）と比較することはとても有効であった。また，3つの関数を同時に検討していく過程で，表で変化の様子を確かめたり関係を式で表したりしたことで，表と式を互いに関連づけながら学習を進めることができた。さらに，定着を図る場面でも，問題をそのまま利用したことで問題把握に時間がかからず，教科書の練習問題にも取り組むことができた。これらの活動が「関数$y=ax^2$」の意味の理解につながったと実感している。

(沼澤)

授業例 23　第3学年　　　関数 $y=ax^2$

関数の利用

　本題材の授業は，「関数 $y=ax^2$ の利用」の学習であり，2時間計画で，正方形の辺上を動く2点と1つの頂点とを結んでできる三角形の面積について考察していく。変域によって関係が変わることに気づかせ，表やグラフや式を生徒自らが用いて，2つの数量の関係を捉えさせたい。

1　授業前の検討―「よい授業」を行うための要件について―

要件①　本時の目標

- 時間と三角形の面積の関係を，表やグラフ，式等で表し，考え方を説明することができる。
- 変化や対応の様子を捉えるのに，表やグラフや式で表すことが有効であることを実感する。

　関数の利用の学習場面である。生徒自らが図や表，グラフ，式を使って数量の間の関係を調べ，問題解決する力を高めたい。

要件②　問題と問題提示

【問題】1辺が6cmの正方形 ABCD がある。点Pは，毎秒2cmの速さでAを出発してBを通りCまで，正方形の辺上を動く。点Qは，Pと同時にBを出発して，毎秒1cmの速さで，Cまで，正方形の辺上を動く。
　P, Qが同時に出発してから x 秒後の△APQの面積を y cm² とするとき，面積 y が最も大きくなるのは，P, Qが同時に出発してから何秒後か求めよう。また，そのときの△APQの面積も求めよう。

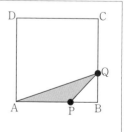

　時間と図形の面積の変化を取り上げた問題は多いが，その関係を，「表や

グラフ，式で表しなさい」など，追究の方法を予め指示しているものがほとんどである。ここでは，2つの数量の関係を考察するのに，生徒自らが，表やグラフや式などを用いることを重視した。そこで，追究の方法を指示せず，「面積の最大値」を求めさせる中で，これらを活用していけるように工夫した。

要件③　考えの取り上げ方

本題材は，数学が苦手な生徒でも，図をかいて丁寧に調べていけば，xとyの値の対応や変化の様子を捉えることができる題材である。また，表やグラフや式で表して考察することもできる。まず，図や表，グラフを取り上げ，生徒にとって困難であろう式を最後に確認しようと考えた。また，グラフはこれまでに見たことのない形になる。生徒が疑問に思っていることがあればそれを取り上げ，全体で確認しながら学習を進めていこうと考えた。

2　授業の実際

(1)　問題を把握する

最初に，点P，Qの速さや出発点，x, yについて具体的に確認した。そして意図的にマグネットP，Qをおいた右図について，よく観察させ，点P，Qの位置の誤りに気づかせ，訂正させた。Pが進む距離は，Qが進む距離の2倍であることを全員に捉えさせるためである。その後，2秒後，4秒後の図を発表させた。4秒後の図は，少し難しいようだったので，P，Qの位置や△APQについて，生徒とのやりとりの中で丁寧に確認した。

(2)　△APQの面積の最大値について，いろいろな方法で考える

△APQの面積yが最大になるのは何秒後になるかについて，いろいろな方法で求めるように促した。生徒には，問題がかかれた学習プリントと5mm方眼を配ってあり，これらを自由に使って考えていた。1秒ごとの図をかいて確かめたり，表やグラフに表して考えている生徒が多く見られた。その中で，関係をグラフに表そうと点をプロットしたが，どのように結んでいいのか迷っている生徒が目にとまった。そこで，クラス全体へこの生徒の

疑問を投げかけ，検討していくこととした。

(3) **考えを発表し，学級全体で検討する**

生徒の考えは，次時にもそのまま使おうと考え，模造紙に記入させた。

まず，表に表す方法が発表され，x，y の値について，図を使って確認した。次に，前述の生徒がグラフをかこうと点をプロットした。点はとったが結び方で迷っていることを告げると，「こう結べばいい。最初，放物線。最後，落ちる。直線」という発言があり，その理由を尋ねると，「3秒までの式が $y=x^2$ になる」と言う。そこで，3秒後までとそれ以降に分けて，式を考えていくこととした。

x	0	1	2	3	4	5	6
y	0	1	4	9	6	3	0

(4) **疑問点を確認し，解決する**

まず，3秒後までの式について検討すると，

(ア) 表から x，y の値の対応の様子を読み取り，$y=x^2$ になる。

(イ) 点の動く速さから AP，BQ を求め，$y=x^2$ になる。

という考えが出された。その後に，点 P が AB 上にあることや，グラフが放物線になることを全体で確認し，点を結んで3秒後までのグラフを完成させた。

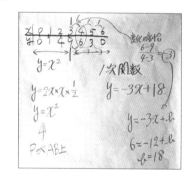

3秒後以降については，生徒からは，「1次関数」という声が挙がり，最初に「$y=-3x+18$」となることを確認した。求め方を尋ねると，

(ウ) 表から変化の割合を求め，$x=4$，$y=6$ を代入して，式を導いた。

と返ってきた。これを確認したあと，これ以外の方法を問うたが，「頑張ってるけど求められない」という声があったので，図から式を求めた生徒がいることだけを紹介し，続きは次時に扱った。

次時は,「難しかった」という声が多かったが,次の３つの方法が発表され,図を使ってクラス全体で確認した。

(エ)　$y = (BQ - BP) \times 6 \times \dfrac{1}{2} = \{x - (2x - 6)\} \times 6 \times \dfrac{1}{2}$

(オ)　$y = \{(AB + BQ) - (AB + BP)\} \times 6 \times \dfrac{1}{2}$
　　　$= \{(x + 6) - 2x\} \times 6 \times \dfrac{1}{2}$

(カ)　$y = (PC - QC) \times 6 \times \dfrac{1}{2}$
　　　$= \{(12 - 2x) - (6 - x)\} \times 6 \times \dfrac{1}{2}$

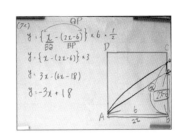

最後に,変域を式で表し,yの最大値を確認した。

(5) 振り返り,まとめる

授業を振り返り,考えたことや感じたことなどを自由にまとめさせた。

3 授業後の考察—「よい授業」の視点から—

生徒が主体的に取り組み,考え続けたか

「どのように結んだらいいのかわからない」という生徒の疑問を取り上げたことで,何気なく点と点を結んだ生徒にも,深く考えさせることができた。また,適度な難易度で,多様な方法で追究できる課題であったため,1つの方法で満足することなく,主体的に考え続ける生徒の姿が見られた。

目標が達成されたか

方法を指示しないようにしたが,生徒自身で,図や表,グラフをかいて追究する姿が見られた。また,「グラフが途中で曲線から直線に変わることもあるんだなと思った。表は最強」「難しかったけど,グラフや表にしたらわかった」という生徒の感想から,表やグラフなどの有効性に気づかせることもできた。式は生徒にとって難しいようであるが,図から式をつくることで,確かにそうなることが説明できる。その有用性にも気づかせたい。

(望月)

授業例㉔ 第3学年　相似な図形
三角形の相似条件の利用

　この授業は，三角形の相似条件を押さえたあとの，条件の利用場面として扱う。この授業の特徴は，生徒自らが引いた補助線により得られた図形の性質を仮定とし，相似であるかどうかの証明がなされていく点である。これにより，証明に対する必要感を高めるとともに，証明自体を楽しむ姿につながることが期待できる。また，授業で見いだされた多様な考えは，次時からの相似の学習における重要な定理へと発展していくものであり，単元を貫く課題としても有効にはたらく。

1　授業前の検討―「よい授業」を行うための要件について―
要件①　本時の目標

> ・既習の相似条件を用いて，相似である理由を説明することができる。

　本時は，一本の補助線により見いだされた三角形が相似の関係にあるかどうかを，既習の相似条件を用いて説明することがねらいである。そのため，授業の中で，相似であることの理由を他者に説明する場面を意図的に設定する。また，相似の関係にならない補助線も扱いながら，相似条件を根拠とすることの重要性に気づかせるとともに，生徒の疑問を取り上げ全体で議論し，相似な図形への理解を深めたい。

要件②　問題と問題提示

> 【問題】　右図のように∠Aが直角である△ABCがあります。この三角形の中に線を1本かき加えることによって，△ABCと相似な三角形をつくってみよう。また，相似である理由についても考えてみよう。

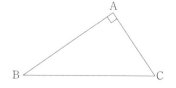

△ABCは任意の三角形ではなく，∠A＝90°の直角三角形を扱うことで，平行線のみならず垂線により相似な三角形が見いだせるように工夫した。

要件③　考えの取り上げ方

　補助線の種類は，平行線，垂線，角の二等分線，辺の中点を結ぶなど多様に考えられる。それだけに，全体の議論の場でどのように意見を取り上げるかが重要なポイントとなる。本時では，次の2点を取り上げることにした。

・多様な考えを黒板の前に並べて提示し，比較・検討することを通して，考えを分類したり整理したりする。
・点Aからの辺BCへの垂線により分かれた左右の三角形が相似であるかどうか（生徒から出された疑問）を全体の場で議論する。

② 授業の実際

(1) 問題を把握し，個人で考える

　直角三角形ABCを提示し，1本の直線を適当に加え，「できた三角形ともとの△ABCは，相似かな？」と問いかける。すると生徒から，「それって平行線？」という声が返ってきた。そこで，「平行線なら相似な三角形と言えるの？　平行線以外はつくれないのかな？」と切り返しの発問をし，補助線でできる相似な三角形について個人で追究することにした。

(2) 小集団で自分の考えを伝え合う

　次に，4人の小集団で自分の考えを説明する活動を設定した。実際には，次のような生徒どうしのやりとりが見られた。（S：生徒）

S1：私は，BCの平行線を引いたよ。
S2：相似条件は，何なの？
S1：∠Aは共通で，∠ADE＝∠ABCは平行線の同位角だから2角が等しいので相似な図形だよ。
S2：ABに平行な線を引いても相似な図形ができるね。
S3：私は平行線ではなく，ACの中点Dと点Bを結ん

小集団で考えを説明する場面

[S1の考え]

でみたんだ。でも，△ABDと△DBCは相似な三角形になるのかな？

S4：∠A＝90°だけど∠BDCは90°にはならないよ。角の大きさが違うから相似条件には当てはまらないね。

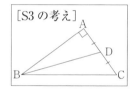
［S3の考え］

このように，自分の考えとの相違点に着目したり，疑問をお互いで議論したりする姿が見られた。

(3) **全体で課題を解決する**

まずは見いだされた多様な考えを黒板に貼り，多様な考えを見比べることにした。生徒からは「平行線がたくさん使われているよ」「垂線を引いた考え方もあるね」など補助線の違いに着目した意見が出された。また，根拠となる相似条件の種類により分類する生徒も見られた。

分類・整理する場面

次に，小集団での追究において議論となっていた「点Aから辺BCに垂線を引いたとき，△ABD∽△CADといえるだろうか」について，全体で取り上げることにした。それは，右図のようにであった。ある生徒からは「∠ADB＝∠CDAだか

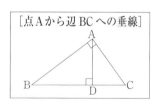
［点Aから辺BCへの垂線］

ら1組の角が直角で等しくなることはわかるんだけど，あと1組の角が等しいことをどう説明すればいいのだろう」という解決に迫る意見が出され，「残りの1組の角が等しいか」が全体の問いとして焦点化した。しばらくして，Aさんが，角が等しい理由を右図を用いながら○と×を利用して説明した。さらに，ある生徒から，「△ABCも，今考えた左右の2つの三角形と相似の関係になっているよね」という意見が出された。これらのやりとりを通して，点AからBCに垂線を引いてできる三角形は，△ABC∽△DBA∽△DACの関係になっていることに気づくことができた。

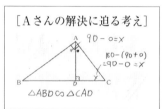
［Aさんの解決に迫る考え］

(4) 学習の理解を深める

さらに，直角三角形に補助線2本を加えて追究させた。すると，次のような意見が出され，考えの深まりが得られた。

補助線Ⅰ：平行線2本

AB∥FE，DE∥AC
↓
△FEC∽△ABC∽△DBE

補助線Ⅱ：平行線2本

AB∥CF，DE∥BC
↓
△ABC∽△ADE∽△CFE

補助線Ⅲ：平行線と垂線

BC∥EF，AD⊥BC
↓
△AEF∽△ABC
∽△GEA∽△DAC

3 授業後の考察—「よい授業」の視点から—

生徒が主体的に取り組み，考え続けたか

単に与えられた課題を解くこととは違い，生徒自ら見いだした三角形について，相似であるかどうかを検証することで，証明自体の必要感を高めることができたと考えられる。また，全体で課題を解決する場面では，垂線によって分かれた左右の三角形において「90°以外で対応する角の大きさが等しいといえるのだろうか」という問いを全体で共有し，それを解決するという授業展開が生徒の追究意欲を掻き立てる手立てとなった。

目標が達成されたか

小集団での追究では，自分の引いた補助線の種類と相似な図形と判断できる理由について，伝え合う場を意図的に設定した。その中で，図や表や式，言葉を用いて，根拠となる事柄を相手にわかりやすく伝える姿が見られた。また，全体の場面で相似条件を満たすかどうかの検証を行ったり，補助線2本で複数の相似な三角形を見いだしたりすることで，演繹的に推論する力が身に付いたと考えられる。本時以降，直角三角形を任意の三角形として扱うことで，平行線と比の定理や中点連結定理へと発展させていく授業展開が望ましいと考える。

(坂本)

授業例㉕ 第3学年　　　　　　　　　円

円の性質の利用

　「円の性質の利用」の授業では，これまでに学習した円の性質をもとにして，さらに新しい図形の性質などを見いだし発展させる学習を行う。1つの題材から発展させる活動を通して「次はこうしよう・こうしたい」と意欲的に学習を進めさせたい。そして複数の事象を統合的に見ることで内容を整理し，内容を関連づけながら理解させたい。

1　授業前の検討—「よい授業」を行うための要件について—

要件①　本時の目標

・条件を変えても，同じ関係が成立しているとみることができる。

　「条件を変えて考えてみる」という見方・考え方をすることで，学習をすることの意味や必要性を感じることができる。さらに条件を変えても，同じ関係が成立していることを見いだすことで，次の学習への見通しが立ち，学習した内容の関連について考えることができる。学習した内容が単に記憶に留まるだけでなく，それらを関連づけて理解させたい。

要件②　問題と問題提示

　円の内部に1点をとり，そこから引いた2直線によってできる線分を2辺とする三角形の相似の問題（図1）を扱う。そして条件を変え，円の外部の点から2直線を引いた場合の三角形の相似の問題（図2）に発展をさせる。生徒たちは問題の条件を変えてみるという見方・考え方の経験が浅いことから，①「点Pが内部にあるという条件を強調する」，②「点のとり方を工夫し，同じ大きさの角を使って証明できるようにする」という2つを工夫する。

　さらに，図1の場合に三角形のつくり方が2パターンあることを押さえ，

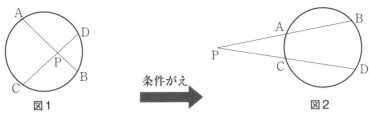

そこからの類推より，図2における2パターンの三角形を考えさせる。また，点を外部に取った場合についても同様に確認し，場面の拡張を意識づける。

要件③　考えの取り上げ方

図1も図2も△PAD∽△PCBと△PAC∽△PDBが成り立つ。点Pの条件を変えた図2でも相似が保持されていることを理解させるために，△PAD∽△PCBの証明を板書する際には，証明に使う角を意図的に選ぶ。さらに板書では，点が内部にある場合と外部にある場合の証明を横並びに書き，相似の関係が保持されていることをさらに意識しやすいように工夫する。

2　授業の実際

(1)　問題1（図1）を把握し，証明する

「どんな三角形をつくることができるか」という問いに対して，図3と図4の2つの場合があることが見いだされた。それぞれ2組の相似な三角形の組が出され，それらが相似であることの証明を個人で行わせた。

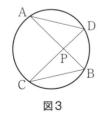
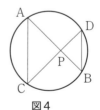

(2)　条件を変えて考えさせる

「この問題の条件を変えたらどうなるのか」という問いに対して，「点が外部にある場合について考える」という考えが出た。そこでまず，直線と円の位置関係には，(i)2点で交わる，(ii)接する，(iii)交わらない，場合があること

を確認した。さらに点Pが円の外部にある場合
には，(1)2直線がともに2点で交わる，(2)1つの
直線が2点でもう1つの直線が接する，(3)2直線
が接する，場合があることを確認した。そして，
2直線が2点で交わる場合（図5）について考え
ることとした。

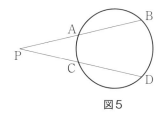

図5

(3) 三角形のつくり方を考え，見通しを立てる

「図5の中に相似な三角形の組はありますか」と発問した。すると，「AD
とBCを引くと相似な三角形ができる（図6）」という考えが出た。さらに「他
に三角形の組はないか」という発問をすると，「ACとBDを引くと三角形
が2つできる（図7）」との考えが出た。そこで，2種類の線分の引き方（点
の結び方）が，点Pが内部にあった場合と同じ（図6が図3に，図7が図
4にそれぞれ相当）であることを確認した。そして，点Pが内部にあった
場合の証明を拠り所に見通しを立てさせた。

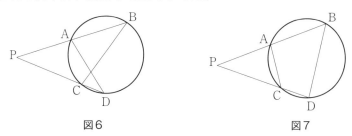

図6   図7

(4) 課題の設定，証明を吟味する

見通しを立てる段階で，図6については点Pが円の内部にあるときと同
じように証明ができそうという見通しが立ったので，課題を「条件を変えて
も相似が成り立つのか」とし，図6で△APD∽△CPBが成り立つことを証
明させた。机間指導の際には，図6と図3が同じように線分を引いているこ
とを確認し，どこに着目して証明を進めていくのかを導いた。自力解決後に
図6と図3の証明の記述を比較し，同じ角を使って証明をしていることを確
認した。そして，「見た目が違っていても，同じ証明ができる」ことを確認した。

(5) まとめと振り返り

　課題に対するまとめとして「点Pを円の内部にとっても外部にとっても△APD∽△CPBが成立している」とした。条件変えを行うことで学習内容が広がり，さらなる性質が得られたことを確認した上で，発展的に考えることのよさや必要性に言及した。

　図7については未証明であり，「難しそう」という意見であった。そこで再び「どうやって証明をするか」と問うと，「図4の場合と同様に証明したい」という意見が出された。そのためには∠ACP＝∠DBPであることを使いたいが，なぜそうなるのかは根拠がわからない。そこに次時の学習課題があることを確認し，「円に内接する四角形」への意欲を喚起した。

3　授業後の考察―「よい授業」の視点から―

生徒が主体的に取り組み，考え続けたか

　条件を変えることで，「次はどうなるだろう」と考え，学習内容の関連を意識させるとともに，「同じように証明できるだろうか」という見通しをもって主体的に取り組むことができた。まとめの段階で図7について考察することで新たな課題が見つかり，さらに学ぶべき内容があることがわかった。次の学習の必要性を感じ，学習意欲を高めることができたと考えられる。

目標が達成されたか

　点Pを円の内部にとっても外部にとっても，同じ角を使って，同様に相似が成立していることを証明できることがわかった。この授業では，証明そのものよりも，三角形をつくる・見通しを立てる・証明を吟味する場面に重きを置いた。条件を変える前と後を比べることで，同様に考えようという意識をもって学習を進めることができた。まとめでは，「図7でも∠ACP＝∠DBPが成立しているはず」と見通しをもつことができ，本時の目標は達成されたと捉えられる。この題材は「内接四角形の性質」や「接弦定理」，「方べきの定理」にまで発展して学習を進めることができる。これら一連の学習の中で，学習内容を発展させ統合することのよさを感得させたい。

（青木）

授業例 26　第3学年　　　　　三平方の定理

三平方の定理の利用

　この授業では，正四角錐の体積を求める活動を通して，三平方の定理を立体図形に応用することを目標とする。また，体積を求めるためには，高さを求める必要があることに気づき，空間図形を平面図形に帰着して考える方法を理解することもねらう。本時までに，三平方の定理を平面図形に活用することは学習済みである。

1　授業前の検討―「よい授業」を行うための要件について―

要件①　本時の目標

- 正四角錐の体積を求める活動を通して，体積を求めるために三平方の定理を活用して，立体の高さを求めることができる。

　立体の体積を求めるためには，高さを求める必要がある。そのため，あえて高さをゴールとするのではなく，体積を求めることを目標として，高さを求める必要性を高める。また，高さを含む平面が1つではなくいくつも存在し，どの断面を考えるかによって高さの求め方も様々であるという，着目する断面の多様性に気づくことも目標とする。

要件②　問題と問題提示

【問題】右図の正四角錐 OABCD の体積を求めなさい。

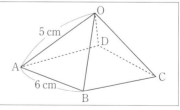

　この授業では，以下の理由で，教科書の問題の数値を一部変更して扱う。

(1) 空間図形を平面図形に一度戻して，既習事項と関連付けて考えることができるようにするため

　前時までに，求めたい部分を含む直角三角形を見つけられれば，長さを求められることを理解している。錐体の高さを求めることを通して，平面図形での既習内容をいかに空間図形につなげるかを考える機会とする。

(2) 問題の数値を工夫し，様々な断面で考えることができるようにするため

　既存の問題は，側面の二等辺三角形の辺の長さが9cm，底辺の長さが6cmであるが，AB(DC)の中点を通る平面で考えるという考えも導くために，既知の3：4：5で簡単に辺の長さを求められるように上記の値とした。

(3) 立体を多様な見方で捉えることができるようにするため

　「この断面でなければ高さを求められない」という考えから，「高さを含む断面であれば求められる」という考え方に移行するためにも，数値の工夫を行い多様な考えへと結びつけた。

要件③　考えの取り上げ方

　本時の目標は高さを求めることなので，高さに触れるような図へのかき込みは一切しないようにした。また，この問題提示だけだと思考が進まない生徒が多くいることが予想されるため，正四角錐の立体模型を用意し，考えをもつきっかけとしたい。この立体模型は，側面をはずせるようにし，空間図形の中にある平面図形を見つけやすくしてある。

　考えを取り上げる際には，生徒が黒板の図を用いて，自分の考えを自分のわかる範囲で説明するようにした。いきなり全体の前で説明する自信がない生徒も多いと考え，その前に小集団活動を取り入れる。

2　授業の実際

(1) 問題を把握し，自分の考えをもつ

　正四角錐の図を提示し，「三平方の定理を利用して正四角錐OABCDの体積を求めよう」と問題を提示した。その直後に同じ図がかかれたプリント（次頁の図1）を配布し，そのまま個人追究の時間とした。

すぐに空間図形の中にある平面図形に気づき，高さを求め始める生徒，一方で底面積を求めた上で，高さが求められないと悩んでいる生徒が多くいた。

(2) **課題をつかむ（焦点を絞る）**

　個人追究の時間を10分程度とったあと，「困っていることある？」と問いかけた。それに対して,「高さが求められない」という発言があり，正四角錐の立体模型を用いて高さがどこであるか確認した（図2）。

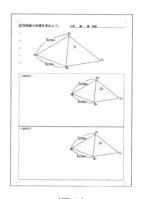

〈図1〉

(3) **さらに個人で考える**

　"高さ"に焦点を絞ったところで，どうやって高さを求めるかをもう一度個人で考える時間をとった。立体模型を提示したことで，半数程の生徒が高さを含む平面を捉え，自分の考えをもつことができるようになった。

〈図2〉

(4) **小集団活動を行う**

　各自が自分の理解度を確認することができた上で，自由に席を動く形で小集団活動を行った。近くの生徒同士で話し合う生徒もいれば，友人に尋ねる生徒等，様々であった。小集団活動の形をとることで，「どういうこと？」「私はこう考えたけど，何でこうなったの？」と核心に迫る内容の話し合いとなった。

〈図3〉

　また，見取図だけでは説明が進まないグループについては，立体模型を渡し，それを用いて説明するように伝えた。それでも説明が難しい場合には，底面や断面を画用紙で模したもの（図3）を渡した。核心に迫る話し合いができたこともあり，この段階で8割以上の生徒が理解を示した。

(5) **課題を解決する**

　事前に生徒に伝えておいたように，任意に生徒を指名し，黒板の図を用い

て説明するようにした。どの生徒も自分の言葉で説明できるまで理解してほしいという願いと，生徒自身が理解度を改めて確認するためである。実際，前で説明した生徒の中には，理解しているのに説明できない生徒や，何（図，式など）を用いて説明してよいかわからず，言葉だけで説明し続ける生徒もいた。

3 授業後の考察—「よい授業」の視点から—
生徒が主体的に取り組み，考え続けたか

　少しハードルの高い課題ではあったが，前時との関連もあり生徒にとっては知的好奇心につながる内容であった。少しハードルが高い課題であると，投げ出してしまう生徒が出る可能性もあるが，じっくり考えて答えを導くことができると自信になる。それが，誰かに説明したい，理解してほしいという思いを生み，主体的な取り組みにもつながっていた。

　また，自分が理解して終わりではないのが本授業の特徴である。小集団活動を入れたことによって，自分の考えがもてない生徒は何とかして理解したい，考えが確立した生徒も，どうしたら自分の考えを相手に理解してもらえるかという意味で，生徒は考え続けることができた。

目標が達成されたか

　本時の目標達成には，高さを含む断面を見つける必要がある。さらに，断面の中のどの長さを，どうやって求めればよいのかが新たな課題となる。それだけに，本時の前の段階で，どれだけ図形と三平方の定理がつながっているかはとても重要である。

　そう考えると，本時は断面を見つける点では課題があったと考えるが，それを見つけてからは，平面図形での学習を思い出して計算することができた。全体では，様々な断面から高さを求めることもでき，見方の多様性にも触れることができた。ただし，その求め方の定着という点では，練習の機会が十分ではなかったように思う。

（河井）

授業例 **27** 第3学年　　　　　　　　　　　　　　標本調査

標本調査の利用

　生徒は前時までに母集団から無作為抽出により標本を抽出することと，標本から母集団の傾向を推定することについて学習している。これらをいっそう理解するために，実際に標本調査を行う必要がある。本実践では，「側面に多数の溝が掘られた十円玉（以下，ギザ十）の流通割合を求める」という目的をもって調査活動を行う。大規模な母集団を対象とした標本調査であり，その傾向の推定は確定的ではないが，相対度数の傾向を捉えることを手がかりに，調査の信頼性を多くの生徒に実感させたい。今回の実践では，近隣の学校と共同で標本調査を行っている。標本数も増え，責任感も生まれることから生徒の学習意欲も向上する。入試直前の生徒が意外なほど学習に集中する教材である。

1 授業前の検討―「よい授業」を行うための要件について―
要件①　　**本時の目標**

> （第1時）ギザ十の流通割合を調べる標本調査において，その調査方法が妥当かどうか客観的な理由をつけて説明する。
> （第2時）十円玉の製造割合と自分たちの調査割合の結果を比較し，標本調査による数値の信頼性を理由をつけて説明する。

　第1時は，ギザ十について紹介し，その流通割合をどんな方法で調査すればよいか協議する授業である。生徒は「人に聞けばいい」という考えに向かうが，「人に聞いても答えがわからない」ことがわかると，妥当性のある調査方法を検討し，標本調査を行うことに向かう。その際，ある程度の標本数を確保するため，全員で取り組む必要があること，この調査では無作為抽出

をどう扱うか，共通理解を図る必要がある。

　第2時は，集約された結果を造幣局の製造割合と比較し，ギザ十の割合である〇％が信頼できる数値かどうかを協議する授業である。多くの生徒は母集団の傾向と標本の傾向の違いに目が向かうが，相対度数のグラフをもとに全体的な傾向を捉えることができると，「信頼できるのではないか」との思いに傾いていく。

要件② 問題と問題提示

　「ギザ十」とは，昭和26年から昭和33年に製造された，側面に多数の構が掘られた十円硬貨である。手に入るようならば実物を見せ，「どのくらい流通しているでしょう」と，予想させる。そして「ギザ十の流通割合はどのように調べたらよいだろうか」と投げかけ，調査方法を考えて，それぞれの方法の検討を行う。

要件③ 考えの取り上げ方

　ギザ十の流通割合の調査方法として，「お店や銀行で両替してもらう」「ネットで調べる」「自分たちで手持ちの十円玉を調べる」などが出てくる。一通り考えが出たあと，それぞれの方法についての妥当性を「批判的に」検討する。製造した造幣局を含め，実は誰も確かなことがわからないことから，自分たちで調査するという結論に導いていく。

2　授業の実際

(1) 問題を把握し，予想する

　ギザ十を紹介し，「どのくらい流通しているでしょう」と聞いたところ，おおむね1％程度という生徒が多かった。根拠は「何となく」という生徒がほとんどである。

(2) 個人で考える

　調査方法を考えさせると，「造幣局や銀行に問い合わせる」「インターネットで調べる」「近くのお店で両替してもらう」「自分たちで手持ちの十円玉を調べる」などが出てきた。調査は自分たちの生活に沿ったものであり，どの

生徒も自由に考えることができる。

(3) 全体で課題を解決する

「造幣局や銀行に問い合わせる」「インターネットで調べる」の考えに対しては，正確な情報がないことを紹介した。「近くのお店で両替してもらう」は，「お店では新しい硬貨に両替される」ことに注目させ，妥当でないことを認めた。結果「自分たちで手持ちの十円玉を調査する」ことになった。

(4) 学習の理解を深める

実際に調査するにあたって，偏りなく調査するために気をつけることについて考えた。生徒とのやりとりの中で，財布に入っている十円玉や貯金箱の十円玉の中から無作為に10枚を選んで製造年の調査をすることとした。調査は自分たちの学年全員（及び近隣の数校の中学校）で実施することを伝え，真剣に調査することの必要性を伝えた。

1週間ほど時間をおき，調査結果を提出させた。（この間，高校入試に向け3年間の復習等を実施した）調査結果は教員が集計し，年度毎の標本数と全体の枚数に対する相対度数を表にまとめ，造幣局の製造割合と合わせて紹介した。

この実践では近隣の学校6校で連携し，全部で12,000枚を超える十円玉の製造年調査を行っている。当初，調査割合と製造割合の数値の違いが大きい部分をもとに，「この調査は信頼できない」と考える生徒が多かったが，表を丁寧に見る時間を与えると，全体の傾向が似ていることに気づき，生徒の中には

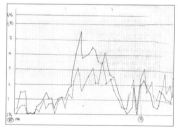

生徒のつくった相対度数のグラフ

簡単なグラフをつくってその様相を視覚化して捉えようとする生徒も出てきた。

(5) 考え方のよさを確認する

製造割合と調査割合の数値が大きく異なる年度があり，調査全体を否定することについて生徒の主張を取り上げた。一方で，資料を見る時間を十分与

えると，製造枚数と調査枚数の相対度数の数値はほぼ連動して変化していること，昭和では，製造枚数の割合に比べて調査枚数の割合は低いが，平成では逆に製造枚数の割合に比べて調査枚数の割合が高いことなどの意見が登場した。特に相対度数をグラフ化して全体の傾向を捉えようとした考えは生徒の理解を促すものであり，本調査は信頼できるのではないかと多くの生徒が考えるようになった。以下は授業後のある生徒の感想である。

・私はギザ十の標本調査をしたことで，とても数が多いものであってもその一部を調べることで流通している割合をある程度つかむことができるということに感動しました。普段身近にあるものでも，じっくりと見て調べることで，数学のおもしろみを実感できたように思います。

③ 授業後の考察—「よい授業」の視点から—

生徒が主体的に取り組み，考え続けたか

本授業はギザ十という身近な教材をもとに，調査を実際に行い，その傾向の信頼性の理解を深めたものである。思考の時間を多くとったことや仲間との自由な討議を行ったこと，他校との共同の調査を行ったことなどで，多くの生徒が主体的に取り組み，目標に向けて考えを進めることができた。

目標が達成されたか

授業後に書いた自由記述では，標本調査の有用性を実感する記述が読み取れるものが73％（116人中）あった。また，授業の最後に「本調査は信頼できる」と答えた生徒は80.2％であった。こうしたことから，標本調査の有用性を多くの生徒が実感できたと考えている。

〈参考図書〉

栢元新一郎，近藤正雄（2012）「資料の活用」授業づくり講座15「標本調査の活用 ギザ十の割合は？」『数学教育』明治図書

西村圭一（2009）「母集団の傾向と標本調査」國宗進・相馬一彦編著『数学的活動の実践プラン集　第3学年編』明治図書，pp.90-93

（近藤）

おわりに

　「はじめに」でも述べたように，本研究の特色として，研究メンバーが可能な限り共通の授業をお互いに参観し，それについて忌憚のない議論を繰り返して，数学の「よい授業」について検討を重ねてきたことが挙げられます。授業研究は公開としましたので，開催地域の多くの先生方の参加も得て有意義な検討会をもつことができました。

　その過程において，地区によって，授業者によって，めざす授業像には微妙な違いがあることも感じましたが，共通の部分も改めて確認できました。それらの知見を踏まえて，特に授業改善に向けて3つの要件「本時の目標」「問題と問題提示」「考えの取り上げ方」にまとめています。

　最後に，授業を参観し集約する機会を設けるにあたり，実践を公開いただいた先生方をここに紹介し，感謝の気持ちを表したいと思います（敬称略）。

　井田まゆみ（和光市立第二中学校）　　太田亮平（浜松市立北浜中学校）
　金元弘子（帯広市立帯広第七中学校）　坂元光延（焼津市立東益津中学校）
　柴田尚文（釧路市立共栄中学校）　　　米村隆宏（北見市立高栄中学校）
　渡辺友章（斜里町立斜里中学校）

　Travis Lemon（American Fork Jr. High School, USA）
　Ted Gilbert（Karl G. Maeser Preparatory Academy, USA）

　なお，アメリカのお二人の授業は，二宮裕之・研究代表「Math for Excellenceを視点とする算数・数学科授業比較研究」の一環として，Brigham Young大学教育学研究科ピーターソン教授，コーリー准教授とともに行われたものです。

　数学の「よい授業」とは何か，このテーマに関する研究・実践に終わりはありません。今後も，今回のまとめを踏まえて「授業そのもの」を対象として，研究し続ける姿勢を忘れてはいけないことを再確認しています。

　　平成28年5月　　　　　　　　　　　　　　　　　　　　　　　**編著者**

【編著者(第1章執筆者)紹介】
相馬　一彦（そうま　かずひこ）
北海道教育大学教授
國宗　進（くにむね　すすむ）
静岡大学名誉教授
二宮　裕之（にのみや　ひろゆき）
埼玉大学教授

【執筆者(第2章執筆者)紹介】（五十音順，所属先は執筆時）
青木　徹　　　埼玉県大里郡寄居町立寄居中学校教諭
河井　郁実　　静岡県藤枝市立広幡中学校教諭
岸本　航司　　埼玉大学教育学部附属中学校教諭
近藤　正雄　　静岡県教育委員会静西教育事務所指導主事
坂本　健司　　静岡県牧之原市立相良中学校教諭
鈴木　靖典　　北海道東神楽町立東神楽中学校教諭
沼澤　和範　　北海道旭川市立中央中学校教諭
望月　美樹　　山梨県甲府市立北中学校教諭
森田　大輔　　埼玉県入間市立向原中学校教諭
師岡　洋輔　　埼玉県川口市立榛松中学校教諭
谷地元直樹　　北海道教育大学附属旭川中学校教諭
吉村　久実　　静岡県焼津市立小川中学校教諭
若松　拓郎　　北海道北見市立南中学校教諭

数学教育選書

理論×実践で追究する！数学の「よい授業」

2016年7月初版第1刷刊 2017年1月初版第3刷刊	ⓒ編著者　相馬一彦・國宗　進・二宮裕之 発行者　藤　原　光　政 発行所　明治図書出版株式会社 http://www.meijitosho.co.jp (企画)木山麻衣子　(校正)㈱東図企画 〒114-0023　東京都北区滝野川7-46-1 振替00160-5-151318　電話03(5907)6702 ご注文窓口　電話03(5907)6668
＊検印省略	組版所　共同印刷株式会社

本書の無断コピーは，著作権・出版権にふれます。ご注意ください。

Printed in Japan　　　　ISBN978-4-18-251010-6
もれなくクーポンがもらえる！読者アンケートはこちらから　→

好評発売中！

数学の時間に生徒が激変する「予想」の授業を徹底解説！

「予想」で変わる数学の授業

相馬一彦 編著

【図書番号：0501】A5判・136頁・本体1,900円+税

数学的活動の1つとして位置付けられている「結果を予想する活動」。その予想を取り入れた中学校の数学授業の考え方や流れ、問題づくりの観点や問題例をも示した理論編と、予想を取り入れた学年別36の授業例を掲載した実践編にわけた中学校数学授業スタイルを提案！

目次より

第1章 「予想」を取り入れた数学の授業
第2章 「予想」を取り入れた授業の実際

こうすればできる！「学び合い」のある数学授業

生徒の「問い」を軸とした数学授業
―人間形成のための数学教育をめざして―

岡本光司・土屋史人 著

【図書番号：1719】A5判・160頁・本体1,900円+税

「学びの始点は問うことにある」という著者が、提示された課題を解くだけではなく創造力を育成し学力を高める数学授業について、その理論と学年別の実践事例を提案。「問い」が生きるクラスづくり、生徒が学び合い協働追究する問題解決型の数学授業の秘訣が満載です！

目次より

Chapter1 生徒の「問い」を軸とした数学授業観
Chapter2 生徒の「問い」を軸とした数学授業の実践事例

明治図書　携帯・スマートフォンからは **明治図書ONLINE** へ　書籍の検索、注文ができます。▶▶▶

http://www.meijitosho.co.jp ＊併記4桁の図書番号（英数字）でHP、携帯での検索・注文が簡単に行えます。

〒114-0023　東京都北区滝野川7-46-1　ご注文窓口　TEL 03-5907-6668　FAX 050-3156-2790

＊価格は全て本体価格表示です。